lonely planet

LO MEJOR • VIDA LOCAL • GUÍA PRÁCTICA

LANZAROTE

DE CERCA

ISABELLA NOBLE

geoPlaneta

Sumario

Puesta a punto

Bienvenidos a Lanzarote ...4

Principales puntos de interés 6

Dónde comer 12

Historia y cultura 14

Playas y costa 16

Mercados y tiendas 17

Espacios naturales 18

Dónde beber 19

Circuitos y actividades ... 20

Para niños 21

Cuatro días perfectos 22

Lo esencial 24

Barrios de Lanzarote 27

COVID-19

Hemos revisado los contenidos de este libro antes de su publicación para asegurarnos de su vigencia tras el brote de la COVID-19 del 2020. Sin embargo, algunos establecimientos podrían cerrar temporalmente o alterar sus horarios y precios. Otros, lamentablemente, pueden haber cerrado de forma permanente. Recomendamos a los viajeros que se informen antes para obtener información actualizada y siempre consulten las últimas recomendaciones de viaje del gobierno.

Aguas turquesas en la playa de Papagayo. (p. 62).
BALATE DORIN/SHUTTERSTOCK©

Explorar Lanzarote 29

Arrecife, Costa Teguise y alrededores 31

Puerto del Carmen y alrededores 53

Playa Blanca y sur de Lanzarote............ 61

Parque Nacional de Timanfaya, Yaiza y alrededores 73

La Geria y tierra de vinos 85

Teguise y La Caleta de Famara..... 99

Haría y norte de Lanzarote...... 113

Merece la pena

Isla de La Graciosa 128

Guía práctica 131

Antes de partir 132

Cómo llegar 134

Cómo desplazarse..........135

Información esencial 136

Índice................................ 140

Imprescindible

Fundación César Manrique 32

Museo Internacional de Arte Contemporáneo. 34

Punta del Papagayo 62

Parque Nacional de Timanfaya......................74

Teguise, antigua capital 100

Casa-Museo César Manrique 114

Jameos del Agua.............116

Bienvenidos a Lanzarote

Un alucinante mar de paisajes lunares teñidos de púrpura y rojo-óxido, la isla de César Manrique sorprende y enamora a cada vuelta de la esquina. Con sus pueblos pintados de blanco, sus relucientes piscinas naturales atlánticas, sus tentadoras playas rubias o volcánicas, sus silenciosos senderos, sus montañas de fuego, su fabulosa gastronomía canaria y su incomparable energía creativa, es imposible no caer rendido ante ella.

Jardín de Cactus (p. 122)

Principales puntos de interés

Fundación César Manrique

Espectacular casa y centro creativo, entre olas de lava. **p. 32**

YURI DONDISH/SHUTTERSTOCK©

TRAVELVIEW/SHUTTERSTOCK©

Museo Internacional de Arte Contemporáneo

Arte canario excepcional en un castillo del s. XVIII. **p. 34**

PAWEL KAZMIERCZAK/SHUTTERSTOCK©

Punta del Papagayo

Playas paradisíacas protegidas, a la sombra de cumbres volcánicas. **p. 62**

ROSS HELEN/SHUTTERSTOCK©

Parque Nacional de Timanfaya

Un maravilloso y desolado paisaje lunar. **p. 74**

CCAT82/SHUTTERSTOCK©

Teguise

La histórica y hermosa capital original de la isla. **p. 100**

MARJOLEIN HAMELEERS/SHUTTERSTOCK©

Casa-Museo César Manrique

El hogar final de Manrique, entre palmeras en Haría. **p. 114**

Jameos del Agua

Cueva volcánica encantada y cumbre de la obra de Manrique. **p. 116**

VIKTOR GLADKOV/SHUTTERSTOCK©

César Manrique

La obra del pintor, arquitecto, escultor y activista César Manrique define el alma de Lanzarote. Su influencia imbuye la isla entera, desde sus célebres intervenciones en la naturaleza hasta lo que no se ve: la falta de edificios de gran altura y carteles publicitarios y el respeto local por el desarrollo sostenible se deben en gran parte a su trabajo. Su legado dejó una huella especial en la isla, que celebró el centenario de su nacimiento en el 2019.

WONDERFUL NATURE/SHUTTERSTOCK©

La época temprana

César Manrique nació el 24 de abril de 1919 en Arrecife. Se formó en la Academia de Bellas Artes de San Fernando en Madrid, ciudad en la que pasó 20 años, e inicialmente se labró su nombre como pintor contemporáneo abstracto. Su época cumbre como pintor llegó con una exhibición en el Museo Guggenheim de Nueva York en 1964, el mismo año en que se trasladó a vivir a la urbe estadounidense, pero siempre se dejó llamar por su querida isla natal, a la que retornó de manera definitiva dos años después, en 1966.

Las intervenciones

Lanzarote, con sus misteriosos paisajes nacidos de la lava, se convirtió en el gran lienzo natural de Manrique. "Para mí era el lugar más bello de la Tierra y me di cuenta de que si ellos eran capaces de ver la isla a través de mis ojos, entonces pensarían igual que yo", afirmó en unas célebres declaraciones. Desarrolló siete intervenciones en Lanzarote, además de otras numerosas obras por el archipiélago y más allá. Tenía aún varios proyectos en marcha cuando falleció en 1992, a la edad de 73 años, en un accidente de tráfico a escasos metros de la Fundación César Manrique.

Defensor de la isla

Al volver a Lanzarote, Manrique inició una constante campaña para preservar la arquitectura tradicional, proteger el entorno natural y prohibir los grandes carteles pu-

Casa-Museo del Campesino (p. 93).

blicitarios. Gracias a su iniciativa, el cabildo estableció leyes para restringir la urbanización descontrolada; a día de hoy, el desarrollo sostenible sigue siendo una de las grandes señas de identidad de la isla.

Los clásicos

Fundación César Manrique El centro creativo del artista y su casa durante 20 años, entre olas de lava. (p. 32)

Jameos del Agua Quizá su creación más ingeniosa: un tubo de lava del norte, reimaginado. (p. 116)

Casa-Museo César Manrique Manrique pasó sus últimos años bajo las palmeras de Haría. (p. 114)

Museo Internacional de Arte Contemporáneo Una fortaleza del s. XVIII reinterpretada como importante galería. (p. 34)

Jardín de Cactus Una fantasía de plantas recogidas en todo el mundo. (p. 122)

Casa-Museo del Campesino Creada como homenaje a la población rural. (p. 93)

Parque Nacional de Timanfaya Manrique diseñó el famoso logo del diablo y el restaurante circular. (p. 74)

LagOmar La mítica casa tallada en la roca en colaboración con Jesús Soto. (p. 104)

Otras curiosidades

Biblioteca Universitaria Municipal Alucinantes murales tempranos escondidos en el antiguo parador arrecifeño. (p. 37)

Hotel Fariones Obras del artista decoran este hotel emblemático. (p. 56)

CIC El Almacén Reformado hace unos años, fue un importante punto de encuentro artístico creado por Manrique. (p. 40)

El Risco El artista tuvo una mano en la remodelación de esta casa marinera en Famara, ahora un galardonado restaurante. (p. 104)

El Grifo El logo de una de las bodegas más antiguas de España es obra de Manrique. (p. 91)

Meliá Salinas Los murales y jardines interiores son creación de Manrique. (p. 133)

Juguetes de viento Esculturas móviles que bailan sobre las rotondas. (p. 91)

Dónde comer

La gastronomía de Lanzarote comparte mucho con la de sus vecinos canarios, pero a la vez tiene su propia identidad. Además de las verduras y hortalizas cultivadas localmente, la isla disfruta de las riquezas del Atlántico y de sus productos artesanos (quesos, miel, aceite, mojos), sin olvidar la herencia de la población aborigen (como el gofio) y la vid volcánica. Para saborear la cocina más tradicional de la isla, es imprescindible conocer sus teleclubs. La gastronomía local se celebra cada noviembre con el festival Saborea Lanzarote.

VASANTY/SHUTTERSTOCK©

Los frutos del mar

El pescado y el marisco frescos dominan la gastronomía conejera, a la plancha, salteados, al horno, fritos y más, a menudo con papas arrugadas, mojos y ensalada. Las gambas de La Santa, las lapas, la morena frita, la vieja, los calamares saharianos y el cherne, además del salmón ahumado de Uga, andan entre las delicias.

Otras estrellas

Canarias consume más queso que cualquier otra comunidad, y los galardonados quesos de cabra que elaboran los pequeños productores artesanos de Lanzarote son una delicia. La influencia latinoamericana se aprecia en la carne bovina, y la cabra y el conejo son las carnes típicas locales. Cualquier mesa viene con mojos (verde, picón y/o de cilantro) y papas arrugadas. Los guisos también figuran, normalmente involucrando las deleitables verduras locales (batata, cebolla, calabaza, tomate). La sandía y el gofio tradicional son otras especialidades.

Gastronomía canaria

Casa de la Playa Un favorito marinero junto a la playa de Arrieta. (p. 124)

La Tegala El teleclub de Haría es un esencial del norte. (p. 125)

Restaurante Cala Sabores conejeros reinterpretados con creatividad. (p. 42)

Teleclub de Tao Entre los más recomendables de Lanzarote. (p. 93)

Mirador de las Salinas Divinos arroces con vistas a las salinas. (p. 81)

Costa Azul Perfecto pescado fresco a orillas del Atlántico en El Golfo. (p. 81)

Restaurante Volcán de la Corona Las carnes a la parrilla o a la brasa enamoran en el norte. (p. 123)

Charco Vivo Clásico en el Charco de San Ginés. (p. 44)

Bodega de Uga Delicias de la isla con un punto de modernidad. (p. 82)

Bares de tapas

Bar La Piscina Espectaculares tapas marineras en Punta Mujeres. (p. 125)

Vino + Animada terraza con sabor a Andalucía, en Puerto del Carmen. (p. 56)

Taberna El Bocadito Parada imprescindible en Costa Teguise. (p. 44)

Primario Gastrobar Buen producto presentado con creatividad. (p. 67)

La Destiladera-La Luna Para tapeo en Arrecife. (p. 46)

Strava Innovación canario-internacional en la capital. (p. 45)

Pintxos Shop Al estilo del norte, en Teguise. (p. 107)

Cocina creativa y de vanguardia

El Risco La cocina imperdible de Juan Perdomo, en Famara. (p. 104)

Lilium Los sabores vanguardistas de Orlando Ortega. (p. 41)

Tacande Referencia innovadora norteña. (p. 124)

Bodega de Santiago Casona del s. XIX para recetas de inspiración local. (p. 80)

ALMA, Tapas & + Destino innovador en La Santa. (p. 94)

Kentia Gourmet Club Maridaje de creatividad y producto de la isla. (p. 56)

SeBE Arroces de ensueño en Costa Teguise. (p. 42)

Nakai Una fabulosa fusión de sabores canarios y asiáticos. (p. 44)

Ikarus Lo mejor de Canarias y la península, en Teguise. (p. 106)

Isla de Lobos Para descubrir las creaciones de Gonzalo Calzadilla. (p. 67)

Coentro Máxima creatividad de fusión brasileña-conejera. (p. 68)

Vegetarianos y veganos

Bistro Árbol El producto de cercanía imbuye su carta internacional. (p. 56)

La Mar Café Irresistible cocina global y ambiente de surf. (p. 105)

Suculenta Platos saludables a base de ingredientes caseros. (p. 44)

Historia y cultura

IRABEL8/SHUTTERSTOCK©

Más allá de Manrique (aunque, a menudo, bajo su influencia o con su involucración), Lanzarote revela una riqueza histórica, cultura y arquitectónica singular. Sus pueblos tradicionales canarios vestidos de blanco brillante, con ventanales azules (junto al mar) o verdes (en el interior), hablan de épocas remotas, y los antiguos caseríos, los imponentes castillos e incluso las tranquilas bodegas desvelan su pasado.

Primeros habitantes y conquista europea

Se piensa que los habitantes aborígenes de Lanzarote, los majos, llegaron a la isla desde el norte de África alrededor del 1000 a.C., viviendo de la pesca, el pastoreo y algo de agricultura. El primer europeo documentado en la isla fue el navegador genovés Lancelotto Malocello en 1312, aunque no fue hasta principios del s. XV que Lanzarote acabó en manos del explorador francés Jean de Béthencourt, bajo la Corona de Castilla –desde aquí se extendió la conquista hispánica al resto del archipiélago canario–. En los siglos sucesivos, la isla sufrió los ataques de piratas norteafricanos y corsarios europeos.

De Timanfaya al presente

Durante la década de 1730, las poderosas erupciones en la zona del Timanfaya arrasaron unos 12 pueblos, además de la zona más fértil de la isla, pero del desastre nació la famosa viticultura volcánica, centrada en La Geria, que junto con la agricultura trajo algo de prosperidad de nuevo a la isla. Hasta 1852, Teguise reinó como capital lanzaroteña, pero ese año el título se trasladó a la ciudad costera de Arrecife. En la actualidad florece el turismo (constituye el 35% del PIB de Canarias) junto con un pequeño sector agrario: antes de la llegada de la pandemia de la Covid-19, la población de la isla (casi 156 000 habitantes) a menudo se duplicaba con el gran número de visitantes internacionales. Dicho esto, gracias a

KAROL KOZLOWSKI/SHUTTERSTOCK©

la influencia de César Manrique Lanzarote se ha escapado (mayoritariamente) de la masificación turística.

Museos

LagOmar La fantástica creación casa-cueva de Nazaret. (p. 104)

Museo de la Piratería La historia de la piratería en Canarias, con un castillo del s. XV como escenario. (p. 103)

Centro de Visitantes Mancha Blanca Explorar la geología del Timanfaya, incluso con un simulador de erupciones. (p. 75)

El Grifo El mundo del vino volcánico en la bodega pionera de Canarias. (p. 91)

Museo Submarino La primera galería submarina de Europa, obra de Jason deCaires Taylor. (p. 65)

Casa Museo José Saramago El hogar final del autor portugués Premio Nobel. (p. 55)

La Casa Amarilla El antiguo cabildo arrecifeño, con exposiciones sobre la cultura e historia de Lanzarote. (p. 37)

Casa-Museo del Timple Conocer el clásico instrumento canario, en una hermosa casona. (p. 103)

Castillo de San Gabriel Una fortaleza del s. XVI dedicada a la historia de Arrecife. (p. 37)

Arquitectura canaria

Teguise La preciosa primera capital de la isla. (p. 100)

Haría El refugio final de Manrique, en el gran palmeral del norte. (p. 114)

Yaiza Uno de los pueblos canarios más bellos. (p. 79)

Femés Una delicia del sur, con iglesia del s. XVIII. (p. 66)

Arrecife El casco histórico de la capital abre la puerta a la historia lanzaroteña. (p. 36)

Caleta de Sebo Aldea en La Graciosa. (p. 129)

El Golfo El clásico pueblo marinero sureño. (p. 77)

Teseguite Una sorpresa de arquitectura típica en el corazón de la isla. (p. 111)

Famara Casas encaladas de pescadores entre calles de arena. (p. 103)

San Bartolomé Antiguo centro militar de Lanzarote, sus calles están flanqueadas casas históricas. (p. 92)

Playas y costa

Desde las arenosas playas rubias del sur hasta las escondidas calitas vírgenes norteñas, la costa lanzaroteña es una aventura en sí. Las playas de los principales pueblos turísticos (Costa Teguise, Playa Blanca, etc.) suelen ser recomendables para familias, con tumbonas, sombrillas y más; Famara es un mítico destino de surf; y las calas salvajes del norte son un mundo natural y encantador. Y no todo es playa: también se esconden irresistibles piscinas naturales por el litoral atlántico de Lanzarote.

ERLANTZ P. R./SHUTTERSTOCK©

En la naturaleza

Playa de Famara Una de las playas más mágicas de Canarias, famosa por su surf y por enamorar al cineasta Pedro Almodóvar. (p. 103)

Punta del Papagayo Dentro del Monumento Natural Los Ajaches esperan arenosas bellezas atlánticas. (p. 62)

Isla de La Graciosa Un sereno y distante mundo de arena tostada y calles sin asfaltar, protegido como parque natural. (p. 128)

Playa del Risco Perdida entre los acantilados del norte, es una hermosura natural solo accesible a pie. (p. 124)

Piscinas de Punta Mujeres Hay que darse un chapuzón en las piscinas naturales de este pueblo pesquero y saborear sus tapas marineras. (p. 123)

Playas Caletones Preciosas calas rocosas entre el malpaís del norte, a un paso de los restaurantes de Órzola. (p. 123)

Playa de la Garita Una favorita norteña de arena dorada, querida por su surf y sus divertidos chiringuitos, en Arrieta. (p. 122)

El Golfo La aldea costera que deleita al visitante con sus restaurantes marineros y sus vistas al Timanfaya. (p. 77)

Playas de la Madera y las Malvas Escondidas entre los paisajes lunares del Timanfaya (ojo con las peligrosas corrientes). (p. 80)

Playa Quemada Pintoresco pueblo de pescadores con buenos restaurantes. (p. 55)

Urbanas

Playa del Jablillo Como una tranquila laguna, con buen esnórquel y puestas de sol espectaculares, en Costa Teguise. (p. 40)

Playa Blanca Fuerteventura domina el horizonte desde este rincón de arena rubia, en el soleado sur. (p. 65)

Playa Grande La playa clásica de Puerto del Carmen, con muchas instalaciones. (p. 55)

Mercados y tiendas

INGEHOGENBIJL/SHUTTERSTOCK©

Lanzarote disfruta de una larga tradición artesana gracias a su cerámica, marroquinería, pintura, cosmética, sombrerería, cestería y mucho más, a menudo con un importante enfoque natural y sostenible. La gran mayoría de sus artistas toma su inspiración de la isla misma. Los productos artesanales (quesos, vinos, mermeladas, mojos) imbuyen la gastronomía local, y degustarlos en los mercadillos de pueblo es una experiencia imprescindible.

Mercadillos y artesanía

Mercadillo de Teguise El clásico del domingueo en Lanzarote. (p. 101)

Eguzkine Zerain Fabulosa cerámica artesanal inspirada en la isla. (p. 111)

Mercadillo de Haría Artesanía, gastronomía y divertido ambiente de sábado. (p. 119)

La Lonja Creaciones de la Fundación César Manrique. (p. 110)

Mercadillo de Mancha Blanca Un banquete de productos lanzaroteños. (p. 97)

Arte y Cerámica Todo hecho a mano en Teseguite. (p. 111)

Mamá Pepa Deliciosos jabones y champús naturales y ecológicos. (p. 83)

Mercadillos de Arrecife Con productos artesanales y agrarios. (p. 50)

Moda y accesorios

BySiroco La *concept boutique* de Arrecife, enfocada en pequeñas marcas. (p. 49)

María Cao Una de las marcas más conocidas de la isla. (p. 110)

Deiland El principal centro comercial de la isla. (p. 51)

Gastronomía

Queso Project Divertida quesería arrecifeña con ambición. (p. 50)

Somm & Company *Boutique* repleta de tesoros canarios (vino, queso, mermelada, sal). (p. 50)

Vino + Un clásico para productos isleños (aceite, sal, vino). (p. 59)

Quesería Flor de Luz Una de las queserías artesanales más galardonadas. (p. 97)

La Molina Antiguo molino de gofio, ahora reinventado. (p. 97)

Kamezí Deli Market El delicatesen biológico del respetado proyecto gastronómico sureño. (p. 71)

La Corona Delicias de la chocolatería artesanal. (p. 50)

Ahumadería de Uga El famoso salmón de la isla. (p. 82)

Quesería El Faro Otro triunfo del queso artesanal de Lanzarote. (p. 110)

Espacios naturales

WOLVERINE1023/SHUTTERSTOCK©

Conocida por su incomparable biodiversidad, la sublime isla de los volcanes es también, desde el 2015, un Geoparque protegido por Unesco. Este segundo Geoparque de Canarias (tras El Hierro) acoge casi 2500 km² que incluyen, además del terreno lanzaroteño, varias zonas submarinas y el distante archipiélago Chinijo. Del Timanfaya a la orilla atlántica, sus espacios abiertos resultan un encanto para conocer.

Volcanes

Parque Nacional de Timanfaya La insuperable magia de la lava y su parque protegido; hay que reservar para las rutas a pie guiadas. (p. 74)

Parque Natural de los Volcanes Casi tan espectacular como el Timanfaya y con acceso libre a sus senderos. (p. 75)

Isla de La Graciosa Una escapada a la octava isla canaria, con sus cumbres y playas volcánicas. (p. 128)

Archipiélago Chinijo Alucinante parque natural, que solo puede contemplarse (sin pisarlo) en una excursión en barco. (p. 129)

Playas

Playa de Famara Las míticas arenas de Famara y su Risco forman parte del Parque Natural del Archipiélago Chinijo. (p. 103)

Punta del Papagayo La deliciosa punta sur de la isla, con calas paradisíacas dentro de un monumento natural. (p. 62)

Playa del Risco Merece la pena descender por el Camino de los Gracioseros hasta estas arenas desiertas. (p. 124)

Otros espacios

Peñas del Chache El punto más elevado de la isla revela espectaculares vistas panorámicas. (p. 124)

El Golfo Se siente la majestuosidad de las Montañas de Fuego en este pueblo perdido entre olas de lava. (p. 77)

Visitas guiadas

Eco-Insider Excursiones que priorizan la sostenibilidad, al archipiélago Chinijo, La Geria y más. (p. 94)

Olita Trek & Bike Rutas de senderismo y *mountain bike* con una pequeña empresa familiar. (p. 40)

Senderismo Lanzarote Salidas a pie por el Parque Natural de los Volcanes. (p. 94)

Dónde beber

SKOWRONEK/SHUTTERSTOCK©

El mundo de los bares lanzaroteños gira en torno a sus galardonados vinos volcánicos, incluido el famoso malvasía. Los vinos de la D.O. Lanzarote se degustan de lujo en las terrazas de las muchas bodegas de La Geria, aunque se sirven en todos los bares y restaurantes de la isla. La coctelería y las cervezas artesanales lucen más creativas cada año, inspiradas mayoritariamente en ingredientes locales.

Bares de vino y cerveza

Vino + Una terraza favorita en Puerto del Carmen, con vinos de la isla y toques andaluces. (p. 56)

Nao Un encanto de microcervecería premiada, en el antiguo puerto de la capital. (p. 47)

Donde Celso Perfectos vinos de Lanzarote y cervezas artesanales locales, a un paso del Charco de San Ginés. (p. 48)

Malpeís Excepcionales cervezas artesanales en el pueblo de interior de Tinajo. (p. 97)

Los Aljibes La microcervecería original de la isla, en Tahíche. (p. 33)

Con vistas

El Chupadero Creaciones de la D.O. Lanzarote entre las viñas volcánicas de La Geria. (p. 95)

El Chiringuito Una parada favorita en la norteña playa de La Garita. (p. 109)

La Miñoca Entre las terrazas más divertidas del Charco de San Ginés. (p. 48)

Chiringuito Tropical Fuerteventura brilla al horizonte desde este relajado local en Playa Blanca. (p. 70)

Para cócteles

Kentia Sorprendentes cócteles de autor que reinventan el producto de Canarias. (p. 59)

Terraza Ocean View Su terraza con vistas a Fuerteventura es el escenario para exquisitos cócteles creativos. (p. 70)

Bar SamRise Tomar un buen mojito junto a la playa de Arrieta es un momento esencial del norte de Lanzarote. (p. 127)

Hotel Fariones El elegante bar de este clásico reinventado divierte con sus ingredientes lanzaroteños. (p. 56)

Otros favoritos

La Palmera Esquina creativa para tapas, copas y música en Teguise. (p. 109)

Bar Stop Rincón de toda la vida en Yaiza, conocido por sus tapas caseras. (p. 82)

La Grulla Ambiente divertido y música en directo en Arrecife. (p. 49)

Circuitos y actividades

Con su singular costa salvaje, sus paisajes volcánicos lunares y su famoso Ironman anual, Lanzarote es una isla que demanda la aventura al aire libre. Hay senderos entre viñedos de malvasía, magníficas olas de surf, rutas de ciclismo por terreno desierto, un fascinante mundo a la espera bajo el mar, y mucho más. Para conocer sus secretos, lo mejor es ir de la mano de un experto local.

PIO3/SHUTTERSTOCK©

Senderismo

Olita Trek & Bike Rutas guiadas por La Geria, la isla de La Graciosa y el norte de Lanzarote. (p. 40)

Senderos de Fuego El lujo de caminar dentro del Parque Nacional de Timanfaya (es imprescindible reservar). (p. 77)

Senderismo Lanzarote Itinerarios comentados por La Geria y el Parque Natural de los Volcanes. (p. 94)

Otras aventuras

Wine Tours Lanzarote Conocer la viticultura volcánica con un experto. (p. 94)

Eco-Insider Excursiones al archipiélago Chinijo, rutas a pie, avistamiento de aves, salidas a las bodegas y más. (p. 94)

Surf en Famara Disfrutar las olas del Atlántico con recomendables escuelas como Surf School Lanzarote. (p. 107)

Feeling Lanzarote Visitas guiadas personalizadas e itinerarios en coche por toda la isla. (p. 40)

Windsurfing Club Las Cucharas En Costa Teguise, la cuna del *windsurf* lanzaroteño. (p. 40)

Buceo Explorar el maravilloso mundo submarino Atlántico con una escuela de buceo local, como Rubicón Diving. (p. 65)

Kayak Lanzarote La belleza de Lanzarote vista desde el mar. (p. 66)

Cook in Lanzarote Aprender el arte de la cocina canaria en Uga. (p. 80)

En bici La isla está repleta de operadores que alquilan bicicletas. (p. 135)

Para niños

Famosa por su buen clima, sus variados alojamientos y sus interminables diversiones familiares, Lanzarote es una maravilla para viajar con niños. Los pueblos turísticos principales ofrecen un sinfín de actividades, desde excursiones en barco con fondo de cristal hasta esnórquel, buceo y paseos por el litoral. Las maravillas de César Manrique y el mundo lunar de Timanfaya enamoran a visitantes de todas las edades, mientras que las olas atlánticas crean un escenario ideal para surf, kitesurf, windsurf, paddle-surf y más.

JACKO/SHUTTERSTOCK©

Naturaleza

Punta del Papagayo Fabulosas playas tranquilas de agua cristalina, dentro de un espacio protegido. (p. 62)

Parque Nacional de Timanfaya Adentrarse en los paisajes de las Montañas de Fuego. (p. 74)

Playas Caletones Rincón de la costa norteña frecuentado por familias por sus relajantes playas-laguna. (p. 123)

Isla de La Graciosa Aventura en barco a la bellísima isla de sal, sol y arena. (p. 128)

Cueva de los Verdes El mítico túnel volcánico del norte, creado hace miles de años. (p. 121)

Famara Para los niños mayores, una zona de surf espectacular, con escuelas para todos los niveles. (p. 107)

Playas de Puerto del Carmen Pequeñas calas protegidas y la arenosa Playa Grande. (p. 55)

Playa Blanca El pueblo sureño, un favorito por sus soleadas playas doradas. (p. 65)

Monumentos y museos

Museo de la Piratería Un viaje por la historia de la isla, en una majestuosa fortaleza del s. XV. (p. 103)

Jameos del Agua El cavernoso mundo de lava y fantasía creado por Manrique. (p. 116)

Fundación César Manrique La perfecta introducción a la obra del visionario hijo favorito de Lanzarote. (p. 32)

Cuatro días perfectos

Día 1

PAVEL SZABO/SHUTTESRSTOCK©

La aventura comienza en el **Parque Nacional de Timanfaya** (p. 74), con un circuito en bus o, bajo reserva, una **ruta a pie** (p. 75); también hay senderos libres en el vecino Parque Natural de los Volcanes, como la **Caldera Blanca** (p. 78).

La **Bodega de Santiago** (p. 80) es un encanto para almorzar tras un paseo por las calles de **Yaiza** (p. 79). No hay que perderse el pueblo marinero de **El Golfo** (p. 77), con sus restaurantes (**Costa Azul** es un favorito; p. 81) y sus puestas de sol.

Para saborear la noche, hay que deambular por el **Charco de San Ginés** (p. 42) y el pequeño **casco histórico de Arrecife** (p. 36), antes de cenar en **Lilium** (p. 41) o el **Restaurante Cala** (p. 42) y tomar unas copas en **La Miñoca** (p. 48) o **Nao** (p. 47).

Día 2

PAWELKUSEK/SHUTTERSTOCK©

El día arranca inmerso en la obra del gran artista lanzaroteño en la **Fundación César Manrique** (p. 32), seguido por una visita a **LagOmar** (p. 104) y un paseo por la antigua capital **Teguise** (p. 100), descubriendo su riqueza histórica y explorando tiendas como **La Lonja** (p. 110). Si es domingo, hay que asistir a su divertido **mercadillo** (p. 101).

Cantina Teguise (p. 101) o **Ikarus** (p. 106) son paradas perfectas al mediodía. Después se pone rumbo norte hacia La Caleta de Famara, donde las horas se pierden entre **clases de surf** (p. 107), vistas atlánticas y una de las playas mas enamoradizas de Canarias.

Al desaparecer el sol, una de las delicias de la gastronomía conejera espera en **El Risco** (p. 104) y el ambiente más surfero en **La Mar Café** (p. 105).

Día 3

WJAREK/SHUTTERSTOCK©

Se toma la LZ30 para adentrarse en **La Geria** (p. 84), con las exquisitas bodegas **Los Bermejos** (p. 89), **Vega de Yuco** (p. 90) y **El Grifo** (p. 91). Para conocerlas a fondo, lo mejor es una visita guiada de **Wine Tours Lanzarote** (p. 94).

Si el tiempo lo permite, merece la pena continuar hasta La Santa para almorzar en **ALMA Tapas & +** (p. 94). Si no, hay tapas entre las viñas en **El Chupadero** (p. 95) o **Bodega El Tablero** (p. 92). La LZ3 y la LZ702 conducen, entre vistas y el bucólico **Femés** (p. 66), hasta la paradisíaca **Punta del Papagayo** (p. 62), con sus playas hermosas.

Por la noche, tapas en **Primario Gastrobar** (p. 67) o menú degustación y cócteles en **Kamezí** (p. 67) o **Coentro** (p. 68).

Día 4

NOEMI ESCRIBANO/SHUTTERSTOCK©

Hoy toca el norte. Hay que llegar a **Haría** (p. 118) por la LZ10, con sus incomparables vistas, y explorar el casco histórico y la **Casa-Museo César Manrique** (p. 114). Con suerte, será sábado de **mercadillo** (p. 119).

Para el almuerzo, creatividad en **Tacande** (p. 124) o cocina canaria en **La Tegala** (p. 125). Se continúa hacia el **Mirador del Río** (p. 121) y **Jameos del Agua** (p. 116), ambos de Manrique, antes de un chapuzón en las **piscinas de Punta Mujeres** (p. 123) y una tapa en el **Bar La Piscina** (p. 125). Con tiempo, se puede seguir hasta las **playas Caletones** (p. 123) de Órzola.

Más tarde, la playa de **Arrieta** (p. 122) es perfecta para unos mojitos en el **Bar SamRise** (p. 127) y cena tradicional en **La Casa de la Playa** (p. 124).

Lo esencial

Para más información, véase 'Guía práctica' (p. 131)

Moneda
Euro (€)

Idioma
Español

Visado
No suele necesitarse para estancias de hasta 90 días (nunca para países de la UE y del espacio Schengen).

Dinero
La mayoría de los establecimientos aceptan tarjetas de crédito y débito (también los taxis). Hay cajeros automáticos en todos los pueblos.

Teléfonos móviles
Las tarjetas SIM locales se pueden utilizar en teléfonos europeos o desbloqueados (pero no en móviles estadounidenses).

Hora local
GMT/UTC (1 h menos que la Península).

Propinas
Es correcto dejar un 5-10% en restaurantes; si se quiere, redondear en los taxis y bares.

Presupuesto diario

Económico: hasta 80 €

Habitación doble en hostal o apartamento privado: 40-65 €

Tapas, teleclubs, menú del día o cocinar en casa.

Visitas y actividades gratuitas.

Transporte en autobús.

Precio medio: 80 a 120 €

Habitación doble en hotel de precio medio: 65-100 €

Tapas o comer en restaurantes medios.

Ruta de senderismo guiada.

Alquiler de coche.

Precio alto: más de 120 €

Habitación doble en hotel-*boutique* o de cuatro o más estrellas: desde 110 €

Comidas en buenos restaurantes.

Cócteles en gastrobares.

Circuito guiado de bodegas.

Antes de partir

Dos meses antes Confirmar el alojamiento cuanto antes, especialmente para carnaval, Semana Santa, verano (jul y ago) e invierno (dic-feb). También reservar lo antes posible las rutas de senderismo guiadas al Timanfaya.
Un mes antes Reservar el alquiler del coche y cualquier evento, festival o visita especial (como Noches de Jameos).
Una semana antes Revisar el calendario cultural; concertar visitas guiadas, si aún no se ha hecho; reservar para los mejores restaurantes.

Cómo llegar

La mayoría de visitantes llega a través del aeropuerto de Lanzarote-César Manrique, 5 km al oeste de Arrecife (www.aena.es). Hay barcos entre el puerto de los Mármoles de Arrecife y Gran Canaria, Tenerife, La Palma y Fuerteventura, además de Cádiz y Huelva, y también entre Playa Blanca y Corralejo en Fuerteventura.

Aeropuerto de Lanzarote-César Manrique

Taxi Suplemento de 1,70-1,90 € para viajes a/del aeropuerto; cuesta aprox. 15 € a Arrecife, 22 € a Puerto del Carmen y 45 € a Playa Blanca.
Autobús La línea nº 23 conecta el aeropuerto con Arrecife y Playa Honda entre las 7.00 y las 22.00 (1,40 €). La nº 161 viaja hasta Playa Blanca (3,30 €) con paradas en Puerto del Carmen (1,40 €), Puerto Calero (1,80 €) y Yaiza (1,90 €), desde las 7.30 o 8.00 hasta las 21.30 o 22.00.
En el aeropuerto En Llegadas hay oficinas de alquiler de vehículos.

Cómo desplazarse

La forma más cómoda de explorar la isla es con un coche de alquiler. Lanzarote tiene una extensa red de autobuses (guaguas en Canarias; www.arrecifebus.com). También es popular recorrer la isla en bicicleta.

En coche

Hay oficinas de alquiler de vehículos en Arrecife, el aeropuerto y todos los pueblos turísticos. Entre los operadores locales recomendables están **Cicar** (☎928 822 900; www.cicar.com) y **Plus Car** (☎928 827 055; www.pluscar-lanzarote.com), con vehículos desde 25 € por día (seguro incluido). Reservar con antelación.

Taxi

Tienen paradas en Arrecife y la mayoría de los pueblos. También se pueden parar por la calle o pedir recogida por **teléfono** (☎630 207 305; www.lanzarotetaxi.com).

Autobús

Casi todas las líneas pasan por la **estación de guaguas de Arrecife** (c. Rambla Medular), al norte del casco antiguo. Entre las rutas más útiles están las nº 5, 6 y 161 para el sur de la isla, nº 1 y 3 para Costa Teguise, nº 7 y 9 para el norte de la isla, nº 16 para el centro de la isla, y nº 20, 31 y 33 para Famara.

Ciclismo

Hay oficinas de alquiler en todos los pueblos turísticos, desde 10 € por día.

Barco

Líneas Romero (www.lineasromero.com) y Biosfera Express (www.biosferaexpress.com) viajan entre la isla de La Graciosa y Órzola en el norte de Lanzarote. Hay servicios entre Playa Blanca y Corralejo en Fuerteventura, con Líneas Romero, Naviera Armas (www.navieraarmas.com) y Fred Olsen (www.fredolsen.es).

Teguise (p. 100).

Zonas de Lanzarote

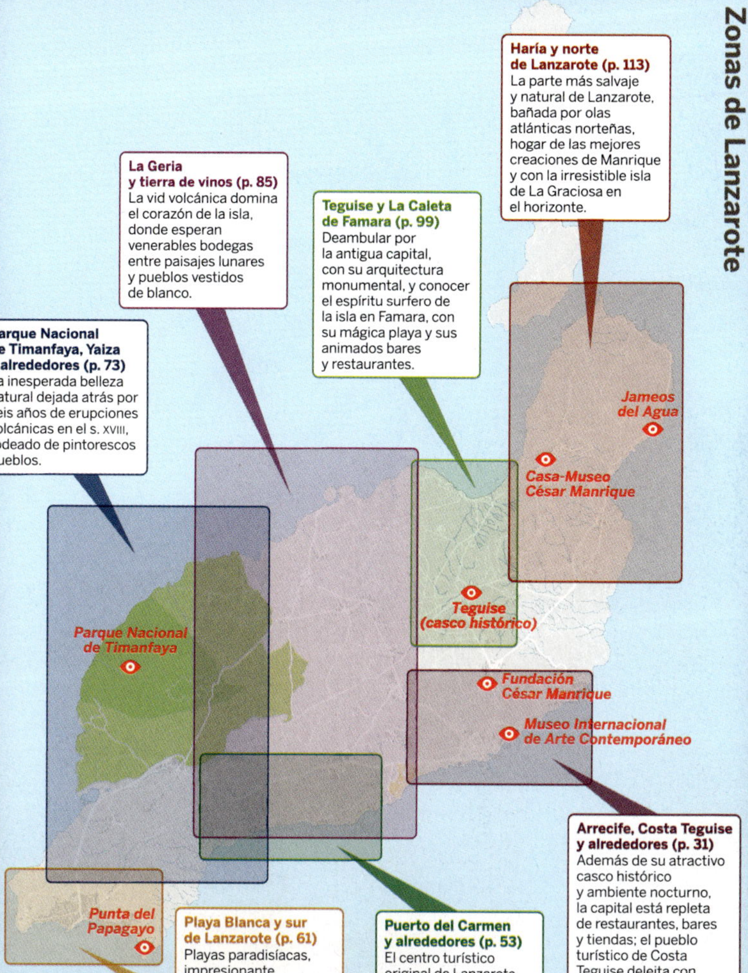

Haría y norte de Lanzarote (p. 113)
La parte más salvaje y natural de Lanzarote, bañada por olas atlánticas norteñas, hogar de las mejores creaciones de Manrique y con la irresistible isla de La Graciosa en el horizonte.

La Geria y tierra de vinos (p. 85)
La vid volcánica domina el corazón de la isla, donde esperan venerables bodegas entre paisajes lunares y pueblos vestidos de blanco.

Teguise y La Caleta de Famara (p. 99)
Deambular por la antigua capital, con su arquitectura monumental, y conocer el espíritu surfero de la isla en Famara, con su mágica playa y sus animados bares y restaurantes.

arque Nacional e Timanfaya, Yaiza alrededores (p. 73)
a inesperada belleza atural dejada atrás por eis años de erupciones olcánicas en el s. XVIII, odeado de pintorescos ueblos.

Arrecife, Costa Teguise y alrededores (p. 31)
Además de su atractivo casco histórico y ambiente nocturno, la capital está repleta de restaurantes, bares y tiendas; el pueblo turístico de Costa Teguise deleita con sus playas doradas y su tranquila energía.

Playa Blanca y sur de Lanzarote (p. 61)
Playas paradisíacas, impresionante gastronomía, senderos apartados y riqueza de actividades acuáticas en el soleado extremo sur de la isla.

Puerto del Carmen y alrededores (p. 53)
El centro turístico original de Lanzarote, con preciosas playas, buenos restaurantes y bares, actividades infinitas y algún encanto escondido.

Explorar Lanzarote

Arrecife, Costa Teguise y alrededores 31

Puerto del Carmen y alrededores.............53

Playa Blanca y sur de Lanzarote.................61

Parque Nacional de Timanfaya, Yaiza y alrededores.. 73

La Geria y tierra de vinos............................85

Teguise y La Caleta de Famara 99

Haría y norte de Lanzarote.......................113

Merce la pena

Isla de La Graciosa 128

Circuitos a pie

Arrecife: un paseo por su historia 36

De ruta entre viñas, bodegas y naturaleza 86

Día de mercadillo por Haría................................. 118

Puesta de sol en la isla de Lanzarote.
INGA ZULYTE/SHUTTERSTOCK©

Explorar

Arrecife, Costa Teguise y alrededores

Situada en la soleada costa sur, la capital lanzaroteña es una agradable ciudad abierta al Atlántico, con un compacto casco antiguo, una radiante laguna y un paseo marítimo que merecen ser explorados, al igual que su gastronomía y sus monumentos manriqueños. Al noreste de Arrecife, Costa Teguise es un encantador complejo turístico creado en la década de 1970.

Lo esencial

- ***Fundación César Manrique (p. 32)*** *Una maravilla de casa-estudio entre paisajes lunares de lava.*
- ***Museo Internacional de Arte Contemporáneo (p. 34)*** *Colección pionera en un castillo de hace tres siglos.*
- ***Playas de Costa Teguise (p. 40)*** *Bellezas de arena dorada, con magnífico* windsurf.
- ***Charco de San Ginés (p. 42)*** *Se puede degustar la gastronomía arrecifeña en el punto de encuentro favorito de la capital.*
- ***De copeo (p. 37)*** *Salir de fiesta o de copas por Arrecife, acabando en la Marina Lanzarote.*

Cómo llegar y desplazarse

Casi todas las líneas de autobús de la isla pasan por la estación de guaguas (c. Rambla Medular) al norte del casco histórico de Arrecife; algunas continúan hasta el intercambiador de guaguas (av. Fred Olsen) junto a la playa del Reducto. Las nº 1, 2, 3, 4, 5, 6, 23, 24 y 60 van hacia el sur de la isla; las nº 7, 9, 10, 16, 20, 26 y 32 al centro y norte.

Véase el plano en p. 38.

Calle típica de Costa Teguise.
JAVIER MARTINEZ BRAVO/SHUTTERSTOCK©

Principales puntos de interés

Fundación César Manrique

La influencia del célebre artista, arquitecto y conservacionista César Manrique se siente en cada esquina de su isla natal, cuya belleza lo inspiró para crear las obras cumbres de su ilustre carrera. Por encima de todas ellas, destaca la casa-estudio que levantó en medio del océano de lava lunar que bordea el pueblo de Tahíche. Aquí vivió –y creó– el hijo favorito de la isla desde 1968 hasta 1988, en una casa de fantasía ahora convertida en la sede de la Fundación César Manrique.

PLANO P. 38, D1

928 843 138; https://fcmanrique.org

Taro de Tahíche, c. Luis Borges 16, Tahíche

adultos/niños 8/1 €

10.00-18.00

7, 9, 10, 26, 31, 52, 53

La casa del volcán

Aunque el hogar final de Manrique fue su adorada casa del palmeral en Haría (véase p. 114), el lugar en el que más tiempo vivió fue la casa del volcán, donde pasó 20 años. Al volver definitivamente a la isla en 1966, tras su triunfante período en Nueva York, el artista alzó su espectacular casa y centro creativo, el Taro de Tahíche, entre la colada de lava que dejaron las erupciones del s. XVIII a las afueras de Tahíche. Con aire de escondite al estilo James Bond, es una formidable, futurística y hechizante edificación donde la naturaleza y la arquitectura conviven en harmonía, repleta de buganvilla y cactus, salones cavernosos, paredes blanqueadas, brillante basalto y bancos vestidos de cuero blanco y rojo. Los niveles superiores toman su inspiración de la arquitectura tradicional de Lanzarote, mientras que las habitaciones subterráneas residen dentro de cinco burbujas creadas por la lava y unidas por estrechos pasillos que conducen, finalmente, a una reluciente piscina-laguna bañada por una cascada. Alrededor de todo descansan jardines donde el verde frondoso realza la arena volcánica.

La colección de arte

El antiguo estudio de Manrique presenta la mayor colección de sus obras en existencia, desde su pintura abstracta hasta bocetos para los murales del hotel Meliá Salinas. Junto a ella se exponen algunas obras de sus compañeros Picasso, Miró, Tàpies, Chillida y Sempere. A un paso de la Fundación, el distintivo juguete de viento *Fobos*, diseñado por Manrique y restaurado para su centenario en el 2019, conmemora al artista en la rotonda cercana al punto donde falleció en un accidente de tráfico en 1992.

★ Consejos

- Conviene adquirir la entrada conjunta (15 €) con la Casa-Museo César Manrique en Haría (véase p. 114).
- Junto a un mural de 1992, la tienda de la Fundación es un buen punto para encontrar recuerdos y regalos de la isla, con una colección de artesanía inspirada en el trabajo de Manrique.
- La taquilla cierra 30 min antes del cierre del edificio.

Una pausa

Los Aljibes (610 454 294; c. Bravo Murillo 6, Tahíche; principales 14-19 €; 13.00-16.30 y 20.30-22.00) La microcervecería original de la isla ofrece cervezas artesanales, vinos lanzaroteños y platos canario-argentinos, 1 km al este de la Fundación.

Levain (928 843 316; av. Néstor de la Torre 22, Tahíche; desayunos 2-6 €; 7.30-14.30 mi-do) Panadería-pastelería, 2 km al norte, ideal para desayunar.

Principales puntos de interés

Museo Internacional de Arte Contemporáneo

El castillo de San José, un baluarte militar del s. XVIII *vigilando el puerto de Naos, alberga una de las colecciones más singulares de arte contemporáneo de Canarias desde la década de 1970, cuando, bajo la dirección de César Manrique, se transformó en un museo pionero. Grandes artistas como Tàpies y Miró acompañan a una selección de obras del joven Manrique y otros pintores canarios.*

PLANO P. 38, H1

928 812 321; www.cactlanzarote.com

ctra. del puerto de Naos

adultos/niños 4/2 €

11.00-20.00

1, 2, 3, 5, 6, 7, 9, 10, 16, 23, 24, 26, 60

El castillo

Conocido en su tiempo como la "fortaleza del hambre", el castillo se erigió entre 1776 y 1779 por orden del rey Carlos III, con el objetivo de defender la isla de los ataques piratas y crear empleo para la población conejera tras las catastróficas erupciones volcánicas de la década de 1730. Como deseo de César Manrique (y bajo su dirección personal), se restauró y remodeló 200 años más tarde, recuperándose del abandono y abriendo al público en 1976; junto a ello, se inauguró el I Certamen Internacional de Artes Plásticas, en el que se involucraron gigantes del mundo del arte internacional, como Picasso, Chillida, Miró y Tàpies. Aunque la estructura del edificio original se mantuvo casi sin modificar, es imposible dejar pasar los recursos clásicos de la mano de Manrique: paredes blanqueadas, jardines volcánicos y la escalera orgánica interior.

La colección

Con acceso por el puente levadizo de la fortaleza, la notable colección de las décadas de 1950 a 1970 revela, además de cuadros tempranos de Manrique, obras de algunos de los artistas españoles más destacados de la época, como Tàpies, Miró, Chillida y Millares. Una sala está dedicada al escultor y medallista lanzaroteño Pancho Lasso, incluido su *Obrero caminando* (1929).

Gastronomía conejera

Abierto al Atlántico por una enorme cristalera, el elegante **restaurante Castillo de San José** reluce la visión de Manrique. En su salón bañado de luz destacan los elementos decorativos típicos del artista. La carta marida el producto local estacional con la creatividad gastronómica, dando lugar a tentaciones como el rulo de cabra caramelizado, las delicias de cherne con langostinos o las carrilleras guisadas con malvasía. (www.cactlanzarote.com; principales 15-19 €, menú degustación 34 €; 🕘12.30-16.00 y 19.30-23.00 mi-sa, 12.30-16.00 do)

★ Consejos

- Se puede acceder al MIAC a pie desde el centro de Arrecife en unos 20 min (1,6 km desde el Charco de San Ginés).
- EL CACT Lanzarote ofrece una serie de bonos para visitar las atracciones de la isla; el bono de seis centros (adultos/niños 35/17,50 €) incluye el MIAC.
- Merece la pena descargarse la aplicación del museo para guiarse por las obras.
- No hay que perderse las esculturas junto a la fachada pétrea del castillo.

✗ Una pausa

No hay nada como cenar en el **restaurante del MIAC** (se recomienda reservar); también hay servicio de bar/cafetería. Alternativamente, se puede llegar hasta el centro de Arrecife para degustar la gastronomía del Charco de San Ginés en el **Restaurante Cala** (p. 42) o **Naia** (p. 43).

Circuito a pie

Arrecife: un paseo por su historia

La zona de Arrecife ha sido habitada desde el s. XVI, primero por pescadores y comerciantes que vivían en cuevas antes de edificar junto al Charco de San Ginés. A pesar de ser un puerto marítimo a partir del s. XV y de desarrollarse una creciente ciudad desde finales del s. XVIII, Arrecife no se convirtió en capital hasta 1852, cuando, con el auge del comercio y el cese de los ataques piratas, Teguise le cedió su título.

Datos

Inicio Playa del Reducto

Final Marina Lanzarote

Duración 3,5 km; 2-3 h

❶ Playa del Reducto

Menos concurrida que las playas de Costa Teguise o Puerto del Carmen, la playa principal de la capital es un apetecible arco de arena dorada bordeado por palmeras, el paseo marítimo y las olas del Atlántico. (3, 5, 6, 23, 24, 25, 60)

❷ Arrecife Gran Hotel & Spa

El único rascacielos de la isla (y su primer hotel de cinco estrellas) surgió de la mano del arquitecto lanzaroteño Enrique Spínola González a finales de la década de 1960, aunque fue rehabilitado tras un incendio en 1994 y reinventado de nuevo en el 2021. Su café-bar **Star City** (raciones 6-12 €; 9.30-24.00), en la planta 17, luce espectaculares vistas. (928 800 000; www.aghotelspa.com; parque Islas Canarias; 3, 5, 6, 23, 24, 25, 60)

❸ Biblioteca Universitaria Municipal (UNED)

En lo que fue el antiguo parador de Lanzarote, con su estilo neocanario, esta biblioteca de la Universidad Nacional a Distancia esconde cuatro murales del joven César Manrique, incluido el tormentoso *El Viento*. (www.unedlanzarote.es; c. Blas Cabrera Felipe; gratis; 9.00-13.00 y 17.00-20.00 lu-ju, 9.00-13.00 vi; 3, 5, 6, 23, 24, 25, 60)

❹ Castillo de San Gabriel

Construido como defensa contra los ataques piratas en el s. XVI, el castillo de San Gabriel alberga el Museo de Historia de Arrecife, donde se explora la conquista de la isla, la época prehispánica y la geología, fauna y flora local. Se accede por el puente de las Bolas, del s. XVIII. (c. Punta de la Lagarta; entrada 3 €; 10.00-15.00 lu-vi, 10.00-14.00 sa; 1, 2, 3, 5, 6, 7, 9, 10, 16, 23, 24, 25, 26, 60)

❺ La Casa Amarilla

El antiguo cabildo (edificado en la década de 1920 y recubierto de azulejos color mostaza) presenta exposiciones temporales enfocadas en la isla. (928 839 782; www.cactlanzarote.com; c. León y Castillo 6; gratis; 10.00-18.00 lu-vi, 10.00-14.30 sa; 1, 2, 3, 5, 6, 7, 9, 10, 16, 23, 24, 25, 26, 60)

❻ Iglesia de San Ginés

En la plaza más pintoresca del casco histórico se alza esta iglesia de 1665, con sus columnas toscanas, su torre neoclásica y su imagen del s. XVII del patrón de la isla. El Día de San Ginés (25 agosto) se celebra con gran jolgorio. (pza. de San Ginés; horario variable; 1, 2, 3, 5, 6, 7, 9, 10, 16, 23, 24, 25, 26, 60)

❼ Charco de San Ginés

Con sus restaurantes y bares de tapeo, la laguna natural de Arrecife (véase p. 42) es la parada ideal para reponer fuerzas, en Naia (p. 43) o el Restaurante Cala (p. 42).

❽ Marina Lanzarote

Yates lujosos, *boutiques* especializadas, atractivos restaurantes y bares y discotecas animan el puerto marítimo. (www.caleromarinas.com; av. Olof Palme; 1, 2, 3, 5, 6, 7, 9, 10, 16, 23, 24, 25, 26, 60)

A
B
C
D
1
2
3
4
5
6
Costa Teguise
Fundación César Manrique
C. de los Dragos
Av. de las Islas Canarias
Av. del Mar
Olita Trek & Bike
1
2
3
5
6
9
12
18
21
23
29
31
38
41
15
24
C. del Crucero
Av. Arenas Blancas
Playa de las Cucharas
Pl. Pueblo Marinero
C. las Olas
Plaza de Janubio
Av. del Jablillo
C. la Falúa
C. la Goleta
OCÉANO ATLÁNTICO
Av. los Cocederos
Playa del Jablillo
0
200 m
C. Pérez Galdós
C. Extremadura
C. M. de Comillas
C. Oviedo
C. Ing. Paz Peraza
C. la Andoriña
C. F. Roca
C. el Salto
C. Jacinto Borges Díaz
27
8
10
Tasca La Raspa
La Garimba
C. Galicia
C. La Coruña
C. Cuba
C. Laguna
C. Chile
C. Trinidad
C. Gran Canaria
Plaza de España
C. Cienfuegos
C. Francos
C. F. Ladrera
Charco de San Ginés
Arrecife bahía
C. Tenerife
C. Fajardo
C. Colegio
C. Emilio Ley
Av. César Manrique
La Puntilla
42
20
13
11
C. Francos
C. Figueroa
C. R. Franco
C. León y Castillo
C. García de Hita
C. Aquilino Fernández
C. Ginés
Plaza de las Palmas
C. Brasil
C. Liebre
Av. de Vargas
Av. Olof Palme
CENTRO
C. Sol
C. José Molina
40
35
36
34
19
39
22
4
C. la Porra
C. J. Betancort
Plaza de El Almacén
Plaza de la Constitución
C. Otilia Díaz
C. Quiroga
25
C. Manuel Miranda
Av. Coll
Boca de Juan Rejón
C. Canalejas
C. Riego
33
C. Luis Morote
C. Carnicería
Av. la Marina
Parque Islas Canarias
Parque José Ramírez Cerdá
C. Blas Carrera Felipe

E
F
G
H
1
2
3
4
5
6
El Molino
Bahía de Naos
17
Museo Internacional de Arte Contemporáneo
Av. de Naos
C. Trinquete
C. Velacho
C. Escotilla
C. Timón
C. Mastelero
C. Clavijo y Fajardo
C. Cáceres
C. Rambla Medular
C. el Claudiano
C. Gobernador José García Hernández
C. Hipólito Frías
C. Puerto Naos
26
C. A. de la Hoz Betancort
C. Malacabado
C. la Mercedes
Marina de Lanzarote
Parada de Guaguas/ Bushaltestelle
C. la Azaña
C. Asturias
C. Mesana
28
C. Juan de Quesada
C. Carenero
14
Av. Olof Palme
37
16
7
30
32
Av. César Manrique
Isla del Francés
OCÉANO ATLÁNTICO
0
200 m
Reseñas en:
Principales puntos de interés p. 32
Puntos de interés p. 40
Actividades y circuitos p. 40
Dónde comer p. 41
Dónde beber y vida nocturna p. 47
Ocio p. 49
De compras p. 49

Playas de Costa Teguise

La hermosa **playa de las Cucharas** es la principal de Costa Teguise, conocida por su *windsurf*, sus aguas cristalinas y su arena blanca-dorada. Al sur, protegida por paredes de roca natural, la **playa del Jablillo** reluce tranquila como una laguna y es perfecta para hacer esnórquel.

Puntos de interés

CIC El Almacén CENTRO EXPOSITIVO

1 PLANO P. 38, B2

En la década de 1970, César Manrique remodeló una pareja de casas burguesas del s. XIX, transformándolas en un atrevido centro cultural y bar de referencia como punto de encuentro para creativos. Por aquí pasaron grandes nombres como los artistas canarios Ildefonso Aguilar y Manolo Millares. Ahora presenta exhibiciones enfocadas a artistas locales. (928 804 095; www.culturalanzarote.com; c. José Betancort 33, Arrecife; 10.00-21.00 lu-vi, 10.00-14.00 sa; 1, 2, 3, 5, 6, 7, 9, 10, 16, 23, 24, 25, 26 y 60)

Actividades y circuitos

Olita Trek & Bike SENDERISMO

2 PLANO P. 38, C1

Esta pequeña empresa multilingüe, que practica un enfoque sostenible, organiza excelentes salidas de senderismo guiadas a la isla de La Graciosa (90 €) y rutas a pie (45-50 €) por La Geria y el centro y norte de la isla, así como una excursión de medio día en *mountain bike* eléctrica (70 €). Mínimo dos personas. (619 169 989; www.olita-treks.com; cc. Las Maretas, local 1, Costa Teguise; 1, 3, 25, 31, 33)

Feeling Lanzarote Tours CIRCUITOS

3 PLANO P. 38, B1

Un equipo multilingüe de guías expertos ofrece visitas privadas a medida, además de un *free tour* y otras rutas "sígueme en coche", que recorren La Geria, la zona de Timanfaya y los principales puntos de interés culturales de la isla. (653 869 255; https:// freetourslanzarote.com; av. Islas Canarias 18, Sands Beach Resort, Costa Teguise; circuitos adultos/niños desde 5/25 €; 1, 3, 25, 31, 33)

Windsurfing Club Las Cucharas WINDSURF

4 PLANO P. 38, A6

En pleno corazón del mundo del *windsurf* lanzaroteño, esta respetada escuela organiza clases privadas (desde 85 €) y cursillos en grupo (desde 110 € para tres sesiones de 1½ h) adaptándose al nivel del cliente, y también alquila equipamiento de *windsurf*, tablas de *paddle* surf y kayaks. (928 590 731; www.lanzarotewindsurf.com; c. Marajo, Costa Teguise; 10.00-18.00; 1, 3, 25, 31, 33)

Aquatis Diving Center
BUCEO

5 PLANO P. 38, B2

Experto operador, con calificación SSI, que ofrece bautismos de buceo (99 €) y visitas al Museo Submarino de Playa Blanca (p. 65), además de cursillos técnicos que incluyen Open Water (415 €). (928 590 407; https://divinglanzarote.com; playa de las Cucharas, local 6, Costa Teguise; 1, 3, 25, 31, 33)

Volcano Surf
ACTIVIDADES ACUÁTICAS

6 PLANO P. 38, B1

Recomendable escuela para todos los niveles, que ofrece cursillos en grupos reducidos de 2 h (40 €) hasta 10 días (450 €). Además, alquila kayaks, tablas de *paddle* surf, surf y *bodyboard* y equipamiento de esnórquel. (928 592 226; http://volcanosurflanzarote.com; c. Marajo 5, Costa Teguise; 9.00-16.00; 1, 3, 25, 31, 33)

Dónde comer

Lilium
CANARIA **€€**

7 PLANO P. 38, H7

Una ambiciosa reimaginación culinaria contemporánea de Canarias imbuye la cocina del chef Orlando Ortega, alumno de El Bulli. Ubicado en la esplendente Marina Lanzarote, su salón minimalista invita a catar innovadoras recetas que reinventan el producto de cercanía: tortilla de gambas de La Santa, sancocho de cherne, *risotto* de calabaza y trufa, o plato estrella de atún rojo con mojo y salsa de *ponzu*. Es imprescindible reservar.

Charco de San Ginés (p. 42)

ISABELLA NOBLE©

Charco de San Ginés

Bordeada por edificios encalados con toques azul celeste, la salada laguna turquesa que se extiende al este de Arrecife es uno de los espacios más encantadores de la capital, además de ser un importante punto de encuentro, con un desfile de ambientados bares y restaurantes. Junto a establecimientos como el Restaurante Cala (p. 42), Naia (p. 43), La Miñoca (p. 48) y Charco Vivo (p. 44), destacan:

Tasca La Raspa (928 808 405; av. César Manrique 20, Arrecife; tapas y raciones 4-15 €; 18.00-24.00 mi y ju, 13.00-01.00 vi y sa, 13.00-24.00 do; 1, 2, 3, 5, 6, 7, 9, 10, 16, 23, 24, 25, 26, 60;) Vermut casero, buena onda y esmeradas raciones que incluyen queso de Femés y salmón de Uga.

La Garimba (c. La Coruña 11, Arrecife; tapas y raciones 2-9 €; 12.00-24.00 lu-sa; 1, 2, 3, 5, 6, 7, 9, 10, 16, 23, 24, 25, 26 ,60) Además de vinos y cervezas de Lanzarote, hay montaditos y tapas de inspiración canaria (pollo mechado, calamares saharianos).

La Puntilla (928 816 042; av. César Manrique 52, Arrecife; principales 15-25 €; 12.30-16.00 y 20.00-22.30 lu-sa; 1, 2, 3, 5, 6, 7, 9, 10, 16, 23, 24, 25, 26, 60) Uno de los originales del Charco, tiene elegantes menús de temporada.

(928 524 978; av. Olof Palme, local B29, Marina Lanzarote, Arrecife; principales 13-25 €; 13.30-16.00 y 19.30-22.30; 1, 2, 3, 5, 6, 7, 9, 10, 16, 23, 24, 25, 26, 60)

Restaurante Cala

CANARIA €€

8 PLANO P. 38, D4

El galardonado chef Luis León apuesta por una elegante gastronomía canaria reinterpretada en su restaurante de diseño con madera envejecida y una deliciosa terraza con vistas al Charco de San Ginés. La tentadora carta, con productos de la isla, deleita con creaciones como el queso fresco a la plancha con mermelada de calabaza, el ceviche de corvina con mango y el arroz negro cremoso, además de suculentas carnes a la parrilla y perfectos vinos lanzaroteños. (928 399 687; www.facebook.com/restaurantecala2017; av. César Manrique 18, Arrecife; principales 10-20 €; 13.00-24.00 mi-lu; 1, 2, 3, 5, 6, 7, 9, 10, 16, 23, 24, 25, 26, 60)

SeBE

CANARIA, ARROCES €€

9 PLANO P. 38, B1

Con el respetado cocinero Santi Benéitez a los fogones y el encantador ambiente de una antigua casona (paredes blanqueadas, madera decorativa), el SeBE abrió con éxito a finales del 2020. Los sabores mediterráneos y canarios se maridan en su imaginativa carta de mercado, en la que destacan el producto fresco local y los vinos del archipiélago. La especialidad son los arroces: de anguila ahumada o pulpo de Famara, con costilla ibérica, vegetariano con ficoide glacial. (☎ 928 593 155; https://seberestaurant.es; av. Islas Canarias 12, local 23, Costa Teguise; principales 15-22 €; ⏲ 19.30-23.30 ma, 13.30-17.30 y 19.30-23.30 mi-vi; 🚌 1, 3, 25, 31, 33)

Naia

DE FUSIÓN **€€**

10 PLANO P. 38, C4

La estética moderno-rústica, el ambiente relajado y la terraza frente al Charco de San Ginés crean un escenario perfecto para las originales recetas del chef Mikel Otaegui, inspiradas en la gastronomía lanzaroteña, con influencias creativas e ingredientes frescos de temporada. Desde su cocina de gastrobar semi abierta emergen tentaciones como la tortilla de patata y portobello con aceite de trufa o los tacos de jamón ibérico. (☎ 928 805 797; www.facebook.com/NaiaMikelOtaegui; av. César Manrique 33, Arrecife; principales 12-15 €; ⏲ 11.00-24.00 lu-sa; 🚌 1, 2, 3, 5, 6, 7, 9, 10, 16, 23, 24, 25, 26, 60)

Aguaviva

CANARIA **€€**

11 PLANO P. 38, A5

Entre los restaurantes más respetados de la isla, desvela las maravillas marineras del chef Javier Bartolomé, inspiradas en el recetario canario tradicional, en acogedores salones con un puñado de mesas. Imprescindible reservar. (☎ 928 821 505; www.restauranteaguaviva.com; c. Mástil

Restaurante SeBE (p. 42)

ISABELLA NOBLE©

31, Playa Honda; principales 15-25 €; 13.30-16.00 y 20.00-22.30 mi-lu; 3, 5, 21, 23, 24, 25, 32, 60)

Taberna El Bocadito TAPAS €€

12 PLANO P. 38, B1

Lo primero que enamora en esta rústica taberna familiar con terraza es la barra, repleta de tapas y pinchos caseros: tortilla clásica (entre las mejores de la isla), pimientos rellenos, croquetas de gambas al ajillo, etc. También preparan excelentes hamburguesas, divertidas ensaladas (como la de queso de cabra) y buenas carnes a la brasa. (928 346 794; http://tabernaelbocadito.com; av. Islas Canarias 16, Costa Teguise; tapas y raciones 4-10 €, principales 10-20 €; 12.00-24.00 ma-do; 1, 3, 25, 31, 33)

Nakai DE FUSIÓN €€

13 PLANO P. 38, A5

La vanguardista visión de fusión del chef lanzaroteño Jon Pérez es seña de identidad de este restaurante costero convertido en una referencia gastronómica de la isla. La carta cambia cada temporada y presenta delicias asiáticas con influencias globales y toques de casa: carrilleras con curri verde, *poké* vegano, *pad thai* con langostinos, tartar de atún sobre arepa, etc. No hay que perderse el *bao* de aguacate, pato o chipirón. (660 653 522; www.facebook.com/nakaibar; c. Cruceta 1, Playa Honda; principales 8-15 €; 13.30-16.00 y 20.00-22.30 mi-lu; 3, 5, 21, 23, 24, 25, 32 y 60)

Charco Vivo (Antigua Casa Ginory) TAPAS, CANARIA €

14 PLANO P. 38, E4

Todo un clásico, a un paso del Charco de San Ginés, tanto para desayunar como para el picoteo o un buen menú del día, ofrece un trato personal, equipo familiar y una relajante brisa marina. El producto local de temporada brilla entre los vinos lanzaroteños en una rústica carta canaria en la que destacan las tapas de pescado, el "matrimonio" (pescado con calamares), los caldos típicos y apetitosos bocados como el queso fresco frito con mermelada. (928 811 910; www.charcovivo.com; c. Juan de Quesada 9, Arrecife; principales 8-13 €; 7.30-16.30 lu-sa; 1, 2, 3, 5, 6, 7, 9, 10, 16, 23, 24, 25, 26, 60)

Suculenta DESAYUNOS, INTERNACIONAL €

15 PLANO P. 38, B2

Un *brunch* de ensueño espera en esta cafetería *boho-chic,* donde se miman los productos locales, se respeta la conciencia ecológica y murales originales decoran la cálida terraza. La mayoría de los ingredientes son caseros (sin azúcares) y los creativos platos canario-internacionales reinventan sabores isleños: tostada de aguacate con feta y huevo poché, granola con fruta de temporada, zumos y batidos naturales y boles saludables. (928 590 707; https://suculentacafe.es; c. las Olas 21, Costa Teguise; desayunos 4-6 €, principales 8-10 €; 9.00-17.00 mi-lu; 1, 3, 25, 31, 33)

Trattoria Il Nonno

ITALIANA €€

16 PLANO P. 38, H3

Del adorado chef Luis León llega un exquisito encuentro entre los sabores italianos y el producto canario. Además de *pizzas* (de *carpaccio* o queso de cabra) y pasta (raviolis de higos y ricota, espaguetis con chipirones en su tinta), hay platos tradicionales como el osobuco a la milanesa. Su elegante comedor acristalado ofrece vistas al puerto. El *brunch* dominguero es un favorito. (928227 839; av. Olof Palme, local B24, Marina Lanzarote; principales 8-15 €; 11.00-23.00 ma-sa, 11.00-16.00 do; 1, 2, 3, 5, 6, 7, 9, 10, 16, 23, 24, 25, 26, 60)

El Fondeadero

CANARIA €

17 PLANO P. 38, H1

Tras una modesta fachada en Las Caletas, 3 km al suroeste de Costa Teguise, se esconde una triunfante sorpresa de la cocina marinera lanzaroteña. El local, de inspiración náutica, se desborda al mediodía, cuando llegan las multitudes para saborear sus frutos del mar sin pretensiones, que incluyen pescado del día a la plancha, cazuela marinera y paella para dos. Entre las suculentas tapas hay tortilla, garbanzas, carne de cabra y más. (928 592 501; av. de los Corales 22, Las Caletas; tapas 2-3 €, principales 6-13 €; 6.00-24.00 lu-sa; 1, 3)

La Bohemia

ASADOR €€

18 PLANO P. 38, B1

A menudo hay cola para degustar las carnes a la parrilla en este sueño argentino (¡mejor reservar!). En su salón contemporáneo se degustan magníficos solomillos y secreto ibérico, además de excelentes hamburguesas. Los platos para picar, al estilo casero, incluyen patatas bravas, queso frito, berenjenas con miel de palma y champiñones al ajillo. (928 591 772; www.facebook.com/labohemialanzarote; av. Islas Canarias 22, Costa Teguise; principales 10-20 €; 13.00-24.00 ju-ma; 1, 3, 25, 31, 33)

Strava

TAPAS €

19 PLANO P. 38, C5

Perdido en un callejón, este acogedor gastrobar se divierte con una carta creativa de temporada e influencia global. Vinos volcánicos y cervezas artesanales de Lanzarote dan paso a tremendas raciones de quesos isleños, patatas bravas (con mayonesa *kimchi*), carrilleras al vino tinto, tartar de atún, *hummus* casero y más. Cuenta con una animada terraza y, previa reserva, hay un *brunch* el domingo. (928 021 563; www.barstrava.es; c. Ginés de Castro y Álvarez, Arrecife; raciones 5-13 €; 9.30-23.00 ma-sa, 10.00-17.00 do; 1, 2, 3, 5, 6, 7, 9, 10, 16, 23, 24, 25, 26, 60)

Gastronomía en el puerto de Naos

Entre los edificios industriales del antiguo puerto de Arrecife, al noreste del casco antiguo, esperan dos reliquias gastronómicas de la Lanzarote de antaño. Fundado en la década de 1980 y ahora bajo la dirección de los hermanos Luis y Jesús Luna, el bar-restaurante **Bahía de Naos** (av. de Naos, Arrecife; tapas 2-4 €; 7.00-17.00 lu-vi; 1, 2, 3, 5, 6, 7, 9, 10, 16, 23, 24, 25, 26, 60) prepara sus famosos platos de atún, frituras andaluzas y montaditos marineros en una diminuta terraza bajo un toldo náutico junto a la carretera. Su vecino **El Molino (Casa Luciano)** (av. de Naos, Arrecife; tapas 2-4 €; 6.00-16.00 lu-sa; 1, 2, 3, 5, 6, 7, 9, 10, 16, 23, 24, 25, 26, 60) es un clásico para desayunos de bocadillos de calamares o atún y tapas de paella o tortilla.

Emmax

INTERNACIONAL €€

20 PLANO P. 38, A5

Con una perfecta ubicación en el paseo marítimo, esta joya de Playa Honda promete un fabuloso viaje gastronómico de inspiración internacional. Las refinadas raciones marcan las temporadas en bocados como *falafel* con humus, pasta negra con langostinos, navajas al azafrán o solomillo de buey; también hay tentadoras opciones veganas y vegetarianas. (928 820 917; www.facebook.com/restauranteemmaxlanzarote; av. Playa Honda 21, Playa Honda; raciones 8-20 €; 13.00-hasta tarde mi-lu; 3, 5, 23, 24, 25, 32, 60)

Mi Piace

ITALIANA €€

21 PLANO P. 38, C1

Los secretos de la gastronomía italiana se fusionan con el producto lanzaroteño en este bullicioso local repleto de encanto. En su ensalada Lanzarote figura salmón ahumado de Uga, y en la *caprese*, mozzarella de búfala italiana; los *linguine* se preparan con gambas frescas locales; y la *pizza* Timanfaya tiene forma de volcán. También sirven buenos cócteles, opciones sin gluten y menús para los pequeños. (928 591 902; www.facebook.com/mipiacelanzarote; c. las Acacias 3, Costa Teguise; principales 7-15 €; 13.00-23.00; 1, 3, 25, 31, 33)

La Destiladera-La Luna

TAPAS, CANARIA €

22 PLANO P. 38, A5

Un rincón recóndito que habla del pasado, el legendario bar-restaurante La Luna, un favorito de César Manrique, nació en la década de 1970. Hoy en manos de Toño Luna, sus míticas raciones marineras de temporada urgen una aventura por la gastronomía tradicional, desde el pescaíto frito al estilo andaluz hasta la ensaladilla rusa y el pulpo frito. (c. Pedro Barba 14, Arrecife; raciones 5-15 €; 19.00-23.00 lu-sa; 1, 2, 3, 5, 6, 7, 9, 10, 16, 23, 24, 25, 26, 60)

Bonbon
DESAYUNO, INTERNACIONAL €

23 PLANO P. 38, C1

Un refugio bohemio-balear en el que triunfan los *açaí bowls* con fruta de temporada, las tortitas dulces y saladas, las tostadas integrales con arte y otros deliciosos bocaditos de tendencia (con versiones sin gluten). Los *pancakes* veganos pueden llevar aguacate y *hummus* de remolacha, los zumos y batidos se preparan al momento y la terraza espera al sol. Es todo un favorito del desayuneo en Costa Teguise. (673 844 678; www.facebook.com/bonboncafelanzarote; av. Islas Canarias 15, Costa Teguise; platos 3-8 €; 9.00-14.30 y 17.30-20.30 mi-lu; 1, 3, 25, 31, 33)

Villa Toledo
CANARIA, PESCADO €€

24 PLANO P. 38, A3

La terraza de esta elegante casa erigida en la década de 1960 en la Playa Bastián descansa junto a las olas del Atlántico. Su carta se conoce por sus arroces y fideuás y el pescado fresco de la isla de La Graciosa. Al lado, El Kiosko (10.30-21.30) sirve cócteles (5 €) y vinos de la isla en una serie de balcones de aire informal perfectos al atardecer. (928 590 626; https://restaurantevillatoledo.com; av. de los Cocederos, Costa Teguise; principales 10-15 €; 13.00-23.00; 1, 3, 25, 31, 33)

Bar Andalucía
TAPAS €

25 PLANO P. 38, C6

Una esquinita de alma andaluza e italiana en el corazón de Arrecife, donde se pueden compartir tranquilamente unas tapas caseras entre torres de tomates, azulejos tradicionales, aceites de oliva y jamones esperando al corte. Apetecen la tortilla hecha con cariño, la pasta fresca, la burrata auténtica y otras exquisiteces. (c. Luis Martín 5, Arrecife; tapas 3-9 €; 12.30-16.30 ma y mi, 12.30-16.30 y 19.30-22.30 ju-sa; 1, 2, 3, 5, 6, 7, 9, 10, 16, 23, 24, 25, 26, 60)

Dónde beber y vida nocturna

Nao
CERVECERÍA

26 PLANO P. 38, F2

A la vanguardia en la experimentación de cerveza artesanal local, la premiada microcervecería Nao se esconde en un almacén restaurado con ventanas azules e interiores diseñados por su fundador Miguel Lasso. Desde la APA Capitán hasta la Maresía basada en la uva malvasía, sus creaciones (3-7 €), elaboradas de forma tradicional, se degustan por toda la isla, pero nada mejor que saborearlas en su camarote original en el puerto de Naos. (https://naobeer.com; c. Foque 5, Arrecife; 18.00-23.00 ju y sa, 12.00-16.00 y 18.00-23.00 vi; 1, 2, 3, 5, 6, 7, 9, 10, 16, 23, 24, 25, 26, 60)

La Miñoca BAR

27 PLANO P. 38, C4

¿El mejor ambiente del Charco? Relajarse en su concurrida terraza con una copa de Bermejo o Vega de Yuco, una cerveza Malpeís o una ginebra canaria Macaronesian, con vistas a los barcos de pescadores, es todo un placer en este local de la capital. También hay buenas raciones (3-10 €). (www.laminoca.es; av. César Manrique 22, Arrecife; 12.00-2.00; 1, 2, 3, 5, 6, 7, 9, 10, 16, 23, 24, 25, 26, 60)

Donde Celso BAR DE VINOS

28 PLANO P. 38, E4

Los jamones cuelgan encima de la barra en un local con espíritu de taberna reinventada, donde los protagonistas son los vinos lanzaroteños y las cervezas artesanales de la isla (Malpeís, Nao). Hay deleitosas tablas de quesos, salmón y embutidos (8-15 €) para acompañar. (www.facebook.com/DondeCelso; c. Juan de Quesada 21, Arrecife; 17.00-hasta tarde lu-vi, 11.30-16.00 y 18.30-hasta tarde sa; 1, 2, 3, 5, 6, 7, 9, 10, 16, 23, 24, 25, 26, 60)

Beach Bar Luca BAR

29 PLANO P. 38, C1

Junto a la playa de las Cucharas y el lujoso hotel Meliá Salinas, el bar-chiringuito con más ambiente del paseo marítimo goza de la perfecta terraza *chillout*, ideal para tomar un par de mojitos a la puesta de sol, con la arena entre los pies. Hay sesiones de DJ y música en directo. (www.facebook.com/beachbarlanzarote; av. Arenas Blancas 11a, Meliá Salinas, Costa Teguise; 10.00-24.00; 1, 3, 25, 31, 33)

Kopas Lanzarote DISCOTECA, BAR DE COPAS

30 PLANO P. 38, G4

La discoteca más elegante de la capital invita con sus noches de DJ, sus esporádicos conciertos, su desfile de fiestas y su sofisticada terraza/*lounge* vestida de blanco en la que preparan buenos cócteles (6-11 €) y todo un mundo de combinados de ginebra. (www.facebook.com/KopasLanzarote; av. Olof Palme, local B39, Marina Lanzarote, Arrecife; 22.00-6.00 vi y sa; 1, 2, 3, 5, 6, 7, 9, 10, 16, 23, 24, 25, 26 ,60)

Los Aljibes CERVECERÍA

31 PLANO P. 38, B2

La primera microcervecería de la isla lleva su audaz firma al Pueblo Marinero, en una barra decorada con arte original y barriles que hacen las funciones de mesas. Aquí lo suyo es brindar con sus propuestas artesanales estrella (3-4 €), como la APA y la Märzen, junto con vinos de la D.O. Lanzarote, y acompañarlo de raciones (8-12 €) que incluyen hamburguesas caseras. (local 7, Pueblo Marinero, Costa Teguise; 17.30-24.00 ma-do; 1, 3, 25, 31, 33)

Ocio

La Grulla

MÚSICA EN DIRECTO

32 PLANO P. 38, G4

No hay mejor destino para disfrutar de la música en directo que La Grulla, con su terraza abierta a la Marina Lanzarote, donde suenan ritmos que van desde el *reggae* y el *hip-hop* hasta la rumba y el *blues*. Además también organizan noches de DJ. (www.facebook.com/lagrullabardecosas; av. Olof Palme, Marina Lanzarote, Arrecife; 19.00-4.30 ju-sa; 1, 2, 3, 5, 6, 7, 9, 10, 16, 23, 24, 25, 26, 60)

De compras

BySiroco

MODA Y ACCESORIOS

33 PLANO P. 38, B6

La primera *concept store* de Lanzarote viene cargada de energía creativa y pequeñas marcas artesanas, independientes y sostenibles. Muchas de las piezas llevan el nombre de diseñadores canarios inspirados por el hermoso archipiélago, como es el caso de las distintivas camisas de Melián Lanzarote. (https://bysiroco.com; pza. de la Constitución 7, Arrecife; 10.00-14.30 y 16.30-20.30 lu-vi, 10.00-14.30 sa; 1, 2, 3, 5, 6, 7, 9, 10, 16, 23, 24, 25, 26, 60)

Beach Bar Luca (p. 48)

Queso Project
QUESOS

34 PLANO P. 38, B6

Ana García y Vicente Martín son los artífices de una encantadora quesería enfocada a la sostenibilidad, la tradición y los pequeños elaboradores. Los quesos artesanos más singulares de Canarias son las estrellas; también ofrecen aceite de Fuerteventura, vermut y mermeladas lanzaroteñas, y otras delicias locales. Bajo petición, se hacen tablas de queso y catas comentadas. (www.quesoproject.com; c. José Molina 7, Arrecife; 10.00-14.00 y 17.00-20.00 lu-vi, 10.00-14.00 sa; 1, 2, 3, 5, 6, 7, 9, 10, 16, 23, 24, 25, 26, 60)

Somm & Company
PRODUCTOS GASTRONÓMICOS

35 PLANO P. 38, C5

Entre paredes de piedra y vigas antiguas, esta tienda *gourmet* está especializada en los sabores de Canarias, especialmente de Lanzarote: sales de Janubio, salmón de Uga, quesos de la Finca de Uga (véase p. 78), aceite ecológico, un mundo de vinos volcánicos y más. (www.facebook.com/sommandcompany; c. León y Castillo 16, Arrecife; 10.00-14.00 y 17.00-20.00 lu-vi, 10.00-14.00 sa; 1, 2, 3, 5, 6, 7, 9, 10, 16, 23, 24, 25, 26, 60)

Mercadillo Agrario de Arrecife
MERCADO

36 PLANO P. 38, C5

Todos los sábados espera un banquete semanal de productos locales, muchos de ellos ecológicos, desde fruta fresca hasta quesos artesanos, frente a la iglesia. Además, en temporada de cruceros, el Charco de San Ginés acoge un mercadillo de artesanía los miércoles y jueves por la mañana. (pza. de las Palmas, Arrecife; 8.00-14.00 sa; 1, 2, 3, 5, 6, 7, 9, 10, 16, 23, 24, 25, 26, 60)

La Corona
CHOCOLATE

37 PLANO P. 38, H3

La tradición artesanal del archipiélago inspira las tentaciones del maestro chocolatero conejero Enrique Martín. En su elegante bombonería se degustan atrevidas creaciones como el bombón de chocolate blanco con *ganache* de maracuyá. (av. Olof Palme, local 16B, Marina Lanzarote, Arrecife; 10.00-18.00 lu-vi, 10.00-14.00sa; 1, 2, 3, 5, 6, 7, 9, 10, 16, 23, 24, 25, 26 y 60)

Mercadillo Artesanal de Costa Teguise
MERCADILLO

38 PLANO P. 38, B2

Desde joyería y cerámica hasta acuarelas del Timanfaya, los artesanos de la isla revelan su trabajo cada semana en el Pueblo Marinero, donde también hay un mercadillo agrario los martes por la mañana. (Pueblo Marinero, Costa Teguise; 17.00-22.00 vi; 1, 3, 25, 31, 33)

Librería El Puente
LIBRERÍA

39 PLANO P. 38, C5

Excelente librería independiente a la vuelta de la esquina de la iglesia de San Ginés. (www.libreriasindependientes.com; c. Luis Martín 11, Arrecife; 10.00-13.30 y 17.00-20.00 lu-vi, 10.00-13.30 sa; 1, 2, 3, 5, 6, 7, 9, 10, 16, 23, 24, 25, 26, 60)

Algomás
DELICATESEN

40 PLANO P. 38, B5

La gastronomía de Lanzarote está en el corazón de esta íntima tienda delicatesen; hay vermut Primo, sal de Janubio, aceite Caldera de Arroyo y cervezas artesanales isleñas, además de vinos de todo el archipiélago canario (incluidos ecológicos) y preciosas piezas de artesanía (cerámica, joyería, bolsos). (www.facebook.com/algomaslanzarote; c. José Molina 8, Arrecife; 10.00-19.30 lu-vi, 10.00-14.00 sa; 1, 2, 3, 5, 6, 7, 9, 10, 16, 23, 24, 25, 26 ,60)

Ángel Cabrera
MODA Y ACCESORIOS

41 PLANO P. 38, D1

Divertida *boutique* independiente que gira en torno al mundo del yoga y la moda sostenible. Sus prendas de *activewear*, a base de tejidos orgánicos, están firmadas por pequeñas marcas, y la colección incluye velas de soja hechas en Lanzarote y bonitas libretas diseñadas en Gran Canaria. (https://shoshinlanzarote.com; c. Luis Morote 22, Arrecife; 10.00-19.00; 7, 26)

Deiland Plaza
CENTRO COMERCIAL

42 PLANO P. 38, A5

Se trata del mayor centro comercial de la isla. (https://deilandplaza.com; ctra. LZ1, Playa Honda; 10.00-21.00 lu-sa, 11.00-21.00 do; 3, 26)

Somm & Company (p. 50)

ISABELLA NOBLE©

Explorar

Puerto del Carmen y alrededores

A 10 min del aeropuerto, Puerto del Carmen es la principal zona turística de Lanzarote, repleta de bares, restaurantes, tiendas y hoteles. Pero con 7 km de costa soleada, un desfile de calas rocosas, una impresionante gastronomía y ambiente de pueblo marinero en el casco antiguo de La Tiñosa (en la punta oeste), también tiene su encanto. Para los amantes de las actividades al aire libre, ofrece opciones de buceo, esnórquel, windsurf, *yoga,* paddle surf, *rutas en bicicleta, salidas en barco, senderos costeros y mucho más.*

Lo esencial

- ***Playas (p. 55)*** *Desde la Playa Grande, brillante y dorada, hasta calitas tan seductoras como la playa de los Fariones.*
- ***Al plato (p. 56)*** *Puerto del Carmen esconde joyas de la gastronomía lanzaroteña como Vino + o Kentia Gourmet Club.*
- ***Playa Quemada (p. 55)*** *Lo mejor es almorzar a orillas del Atlántico, quizá en Salmarina.*
- ***Senderos (p. 56)*** *Los paisajes volcánicos enamoran aún más desde el camino sobre los acantilados a Puerto Calero.*
- ***Hotel Fariones (p. 56)*** *Renovado al estilo* boutique, *este clásico hotel de la isla es una delicia.*

Cómo llegar y desplazarse

🚌 Las líneas de autobús con destino a Puerto del Carmen son las nº 2, 6 y 24 (esta última continúa a Puerto Calero). La nº 161 conecta con el aeropuerto y Playa Blanca.

Véase el plano en p. 54.

Vista desde el Puerto del Carmen.

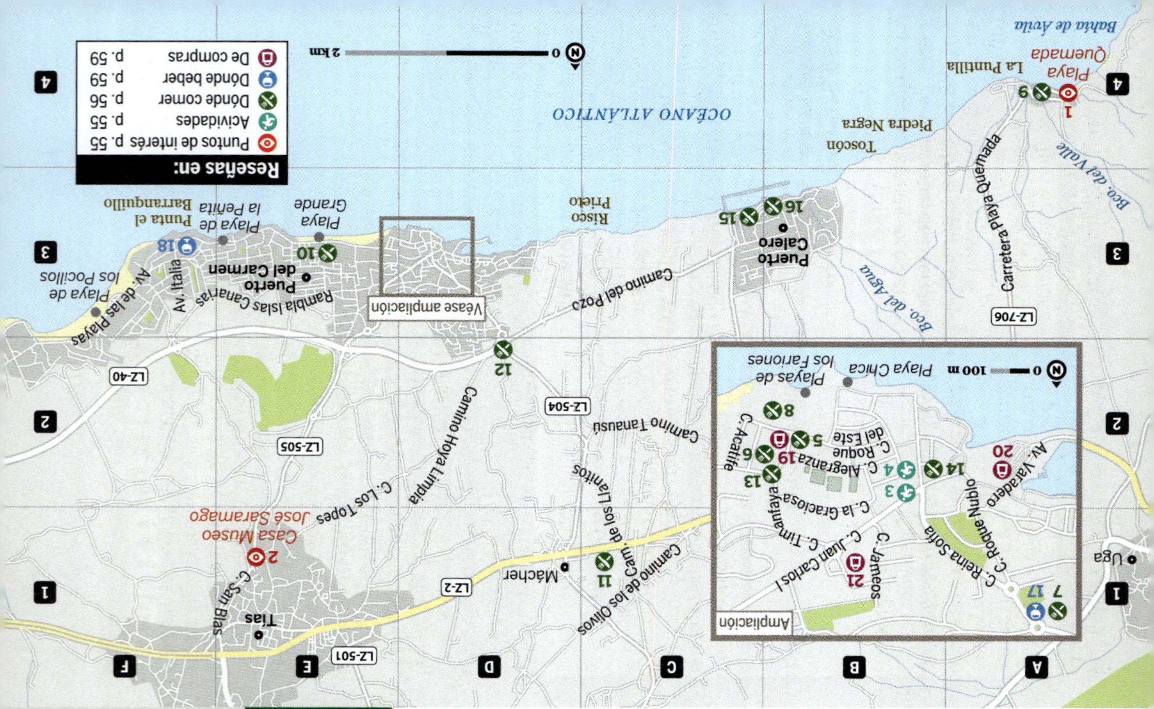
Reseñas en:
Puntos de interés p. 55
Acividades p. 55
Dónde comer p. 56
Dónde beber p. 59
De compras p. 59
0
2 km
Ampliación
0
100 m
Véase ampliación
OCÉANO ATLÁNTICO
Bahía de Ávila
Playa Quemada
La Puntilla
Piedra Negra
Toscón
Bco. del Valle
Bco. del Agua
Carretera Playa Quemada
LZ-706
Puerto Calero
Risco Prieto
Camino del Pozo
Playa Grande
Playa de la Peñita
Punta el Barranquillo
Puerto del Carmen
Rambla Islas Canarias
Av. Italia
Av. de las Playas
Playa de los Pocillos
LZ-40
LZ-505
LZ-504
LZ-501
LZ-2
Camino Hoya Limpia
C. Los Topes
Casa Museo José Saramago
C. San Blas
Tías
Mácher
Camino de los Olivos
Cam. de los Llanitos
Camino Tanausú
Uga
Playa Chica
Playas de los Fariones
C. Acatife
C. Roque del Este
C. Alegranza
C. la Graciosa
C. Timanfaya
C. Juan Carlos I
C. Jameos
C. Reina Sofía
C. Roque Nublo
Av. Varadero
A
B
C
D
E
F
1
2
3
4

Las playas de Puerto del Carmen

Al pisar sus preciosas playas doradas se entiende por qué Puerto del Carmen ha llegado a ser la parte más turística de Lanzarote. La Playa Grande, muy frecuentada, dispone de hamacas y sombrillas, mientras que la playa de los Pocillos ofrece buenas opciones de *windsurf*. Entre ellas se extienden acogedoras calas, como la de La Peñita; en el extremo oeste de Puerto del Carmen están la playa de los Fariones, junto al lujoso hotel del mismo nombre, y la Playa Chica, con su muelle y bar.

Puntos de interés

Playa Quemada

PLAYA, PUEBLO

1 PLANO P. 54, A4

Deliciosamente aislada, esta rocosa playa volcánica bordeada de casas blanqueadas es muy conocida por sus tentadores restaurantes de pescado y marisco. Se encuentra 12 km al oeste de Puerto del Carmen (por carretera). También se puede llegar a pie desde Puerto del Carmen por un sendero costero (8 km, 2 h); otra ruta más empinada conecta con el pueblo de Femés (8 km, 3h). (Playa Quemada; 24 h)

Casa Museo José Saramago

CENTRO EXPOSITIVO

2 PLANO P. 54, E1

El escritor portugués José Saramago, Premio Nobel de Literatura en 1998, pasó buena parte de sus últimos 18 años en Lanzarote, en esta casa "hecha de libros" y rodeada de palmeras, pinos y olivos. Se pueden ver su estudio, la cocina, la biblioteca y su dormitorio. Está en Tías, 4 km al norte de Puerto del Carmen. (☎928 833 526; www.acasajosesaramago.com; c. Los Topes 2, Tías; adultos/menores de 16 años 8 €/gratis; ⏲10.00-14.30 lu-sa; 🚌2, 34, 60)

Actividades

School 3S

SURF, YOGA

3 PLANO P. 54, B2

Recomendable escuela para sesiones de yoga frente al mar (15 €) y clases de *paddle* surf (35 €), SUP yoga (40 €) y surf (en Famara; desde 50 €). También ofrece retiros con alojamiento. (☎628 410 602; www.school3s.com; c. La Graciosa 5; 🚌2, 6, 24)

Manta Diving

BUCEO

4 PLANO P. 54, B2

Uno de los mejores centros de buceo de Puerto del Carmen, con cursos PADI (Open Water 420 €), bautizos para principiantes (desde 59 €), excursiones de esnórquel (30 €) e inmersiones al Museo Submarino de Playa Blanca (buceadores con/sin certificación 89/169 €; véase p. 65). (☎649 121 142; www.manta-diving-lanzarote.com; c. Juan Carlos I 6; ⏲8.30-17.00 lu-sa; 🚌2, 6, 24)

Caminos y senderos

Puerto del Carmen tiene un pintoresco paseo marítimo a la sombra de palmeras, ideal para pasear o correr, con un buen carril-bici. También se puede caminar por la costa hasta Playa Quemada (8 km, 2 h) pasando por Puerto Calero y acantilados espectaculares, o hasta Arrecife (10 km, 2 h) por Playa Honda y el mirador del aeropuerto.

Dónde comer

Vino + TAPAS €

5 PLANO P. 54, B2

La gastronomía andaluza y los vinos lanzaroteños son los protagonistas en Vino +, una concurrida terraza de tapeo. Ofrece espectaculares raciones caseras como salmorejo, chipirones a la plancha, berenjenas fritas u hojaldre con espinacas, queso de cabra y miel de palma, todo con ingredientes frescos. Los jueves se animan con música en directo. (928 516 959; www.facebook.com/VinoMasLanzarote; centro comercial Playa Blanca, c. Timanfaya; raciones 4-15 €; 14.00-24.00 mi-sa, 14.00-19.00 do; 2, 6, 24)

Bistro Árbol VEGETARIANO, VEGANO €

6 PLANO P. 54, B2

Escondido en una terraza con un ambiente buenísimo, este relajado bistró crea ingeniosos platos vegetarianos, veganos y sin gluten usando productos locales (incluida fruta de su propia huerta). Hay hamburguesas de frijoles y quinoa, *falafel* con salsa de ajo y limón, *hummus* casero, etc., todo acompañado de exquisitos vinos lanzaroteños. Imprescindible reservar. (928 510 303; www.bistro-arbol.com; centro comercial Playa Blanca, c. Timanfaya; raciones 5-15 €; 18.00-22.00 ju, vi y do, 13.00-1600 y 18.00-22.00 sa; 2, 6, 24)

Kentia Gourmet Club DE FUSIÓN €€€

7 PLANO P. 54, A1

Entre las ofertas gastronómicas más innovadoras de Lanzarote, Kentia fusiona influencias internacionales con sabores canarios, trabajando con pequeños productores lanzaroteños. Los platos vanguardistas incluyen ceviche del Atlántico fresco o huevos poché con papa confitada. Estampados tropicales y plantas colgantes crean un ambiente íntimo y cuenta con un maravilloso bar de cócteles (véase p. 59). (928 596 290; www.kentiagourmetclub.com; c. Reina Sofía 3; menú degustación sin/con vino 60/80 €, principales 21-24 €; 18.00-23.00; 2, 6, 24)

Hotel Fariones INTERNACIONAL €€€

8 PLANO P. 54, B2

A la sombra de palmeras, el primer hotel de Lanzarote se reinventó en el 2020 con una gastronomía canaria-internacional tan lujosa como su nuevo *look* de cinco estrellas. De la mano del chef Ignacio

Hernández Almira, **Kaori** (menú degustación 65-95 €; 19.00-22.00 ma-sa) reinterpreta la materia prima lanzaroteña con sabores asiáticos; **Erizo** (principales 25 €; 19.00-22.00) se especializa en elegantes platos macaronésicos con toques innovadores. También apetecen los cócteles (8 €) en la Cueva de Doña Juana. (928 510 175; www.hotelfariones.es; c. Roque del Este 1; 2, 6, 24)

Salmarina

CANARIA **€€**

9 PLANO P. 54, A4

Con una terraza bajo toldos náuticos y vistas a Fuerteventura, ocupa una antigua casa de pescadores junto a las olas en Playa Quemada. Es un favorito por sus perfectos arroces, pescado y marisco frescos y otros platos tradicionales, como los quesos lanzaroteños y las gambas de La Santa. Está en Playa Honda y también en La Santa. (928 173 562; www.salmarinarestaurante.com; av. Marítima 13, Playa Quemada; principales 14-22 €; 11.00-22.30)

Óleo

TAPAS **€€**

10 PLANO P. 54, E3

Lámparas de cestería y una terraza ajardinada decoran este creativo restaurante-bar, a escasos metros de Playa Grande. Los productos ecológicos de la Finca Machinda (p. 91) dominan las originales tapas: guacamole fresco, tataki de atún, tablas de queso, etc., una combinación divina con vinos locales o un buen mojito. (676 496 698; www.facebook.com/oleolanzarote; c. Doramas 5; tapas 5-

Playa Quemada (p. 55)

15 €; 16.00-23.00 ju, 18.00-23.00 vi, 13.00-23.00 sa, 13.00-20.00 do; 2, 6, 24)

La Cabaña
DE FUSIÓN **€€€**

11 PLANO P. 54, C1

En Mácher, 4,5 km al norte de Puerto del Carmen, sorprende con su elegante cocina de fusión mediterránea, cortesía del chef Darren Spurr (quien entrenó con el conocido cocinero británico Marco Pierre White). Los menús cambian cada semana, con exquisiteces como langostinos en salsa de curri tailandés, pescado fresco del día y *risotto* de espárragos, puerros y hierbabuena. (650 685 662; www.lacabanamacher.com; c. LZ2, Mácher; principales 15-25 €; 19.00-22.00 ma-sa; 60)

El Toro
ASADOR **€€**

12 PLANO P. 54, D2

El influyente chef Luis León, una referencia en la gastronomía lanzaroteña (y canaria), regenta este acogedor asador a la entrada de Puerto del Carmen. La especialidad son las suculentas carnes a la brasa, servidas con papas panaderas y pimientos de Padrón. (928 510 642; c. Reina Sofía 7; principales 12-20 €; 13.00-23.00 ma-do; 2, 6, 24)

Taberna de Nino
TAPAS **€**

13 PLANO P. 54, B2

La barra repleta de deliciosos pinchos al estilo del norte es el mejor reclamo de este popular rincón, donde también destacan las tapas: papas arrugadas con mojo, langostinos en tempura, setas al grill. Hay originales opciones vegetarianas y veganas, y un buen menú del día (12 €). (928 510 658; www.facebook.com/latabernadeninopintxos; c. Timanfaya 10; tapas 5-10 €, principales 15-19 €; 13.00-23.00; 2, 6, 24)

La Cascada
ASADOR **€€**

14 PLANO P. 54, B2

Premiado por sus carnes a la brasa, se extiende por una antigua casa rústica cerca del puerto, decorada con jamones colgantes y barriles de vino. Presta especial atención a los productos frescos locales de temporada, sean unos huevos estrellados con jamón ibérico, unos quesos de la Finca de Uga (p. 78) o un entrecot al grill. (928 512 953; c. Roque Nublo 3; tapas 4-10 €, principales 11-18 €; 13.00-22.00; 2, 6, 24)

Natural Nada Más
CAFETERÍA, INTERNACIONAL **€**

15 PLANO P. 54, C3

Una soleada terraza estilo chiringuito crea un tranquilo escenario para zumos naturales, batidos frescos y desayunos caseros en esta cafetería independiente de Puerto Calero. Todos los productos son de temporada y kilómetro 0, como los *smoothie bowls*, los huevos de corral al gusto o las tostadas artesanas de aguacate. (680 838 650; www.facebook.com/naturalnadamaslanzarote; plaza del Arte, Puerto Calero; desayunos 4-7 €; 9.30-17.00 mi-do; 24)

Amura

INTERNACIONAL €€€

16 PLANO P. 54, B3

Se pueden admirar los yates desde la terraza de esta elegante casa de estilo colonial en Puerto Calero. La carta, con cocina de mercado e inspirada en el Mediterráneo, incluye pescado local, arroces y carnes *gourmet*, como el solomillo a la sal de Janubio. En el Café Colonial, la zona más informal, hay ensaladas, tostadas y hamburguesas. (928 513 181; www.restauranteamura.com; Puerto Calero; principales 14-25 €; 13.00-16.00 y 19.00-22.30 ma-ju, 13.00-22.30 vi-do; 24)

Dónde beber

Kentia

BAR, CÓCTELES

17 PLANO P. 54, A1

Butacas turquesas, cascadas de plantas y paredes tropicales crean un estiloso ambiente en este innovador local especializado en cócteles de autor (12 €). Las piñas coladas llevan piña de El Hierro braseada, los mojitos agua de jengibre y los *gin fizz* zumo natural de pomelo, mientras que el restaurante prepara platos creativos divinos (véase p. 56). (928 596 290; www.kentiagourmetclub.com; c. Reina Sofía 3; 18.00-23.00; 2, 6, 24)

Los Aljibes

BAR

18 PLANO P. 54, F3

Los triunfos artesanos de la primera microcervecería de Lanzarote brillan en la animada terraza de Los Aljibes, en el extremo este del paseo marítimo, donde una APA (desde 3 €) sabe de lujo. No hay que perderse tampoco las hamburguesas caseras (8 €). (av. de Las Playas 57; 9.30-23.30; 2, 6, 24)

De compras

Vino +

VINO, GASTRONOMÍA

19 PLANO P. 54, B2

La *boutique* de este bullicioso bar de tapas (véase p. 56) es un mundo dedicado a la gastronomía lanzaroteña: vinos de la D.O. Lanzarote, quesos artesanales, aceites de pequeños productores locales, sales de Janubio y más. (928 516 959; www.facebook.com/VinoMasLanzarote; centro comercial Playa Blanca, c. Timanfaya; 14.00-24.00 mi-sa, 14.00-19.00 do; 2, 6, 24)

Mercadillo de Puerto del Carmen

MERCADO

20 PLANO P. 54, A2

Los productos artesanales de la isla son las estrellas del mercadillo semanal, en el puerto antiguo. (av. El Varadero; 9.00-14.00 vi; 2, 6, 24)

Biosfera Plaza

MODA, ACCESORIOS

21 PLANO P. 54, B1

Interesante centro comercial que acoge grandes marcas internacionales, pequeñas *boutiques* artesanales, varios bares y restaurantes e incluso un cine al aire libre. (928 515 320; www.biosferaplaza.es; c. Juan Carlos I; 10.00-21.00 lu-sa, 11.00-21.00 do; 2, 6, 24)

Explorar

Playa Blanca y sur de Lanzarote

Hasta hace unas décadas un tranquilo pueblo marinero del sur de la isla, Playa Blanca se ha transformado en un relajado enclave turístico conocido por sus serenas calas, su multitud de alojamientos y actividades y, últimamente, su emergente gastronomía. La Playa Blanca tradicional se puede apreciar alrededor de la iglesia, donde nació el pueblo de pescadores original, mientras que el pintoresco paseo marítimo bordea la costa hasta la lujosa Marina Rubicón. Al este, la reserva de la Punta del Papagayo evoca todo lo que hace de Lanzarote una isla tan mágica.

Lo esencial

- ***Punta del Papagayo (p. 62)*** *Disfrutar algunas de las playas más perfectas del país.*
- ***Femés (p. 66)*** *Uno de los pueblos más encantadores y tradicionales de Lanzarote.*
- ***Gastronomía (p. 66)*** *Tapas creativas, restaurantes de pescado de toda la vida, innovadores chefs vanguardistas...*
- ***Senderismo (p. 65)*** *Impresionantes rutas por el Monumento Natural de los Ajaches y los volcanes del sur.*
- ***Mundo submarino (p. 65)*** *Bajo las olas se esconden paisajes atlánticos volcánicos, algún que otro naufragio y el alucinante Museo Submarino.*

Cómo llegar y desplazarse

Las líneas de autobús con destino a Playa Blanca son las nº 43, 60 y, para el aeropuerto, la nº 161. La nº 30 hace una ruta circular por Playa Blanca.

Véase el plano en p. 64.

Paisaje en la Punta del Papagayo.

Principales puntos de interés

Punta del Papagayo

Protegido por el árido y espectacular Monumento Natural de los Ajaches (al este de Playa Blanca), el promontorio de la Punta del Papagayo se revela como uno de los espacios naturales más hermosos de Lanzarote (y de todas las Canarias). A lo largo de su costa se extienden calas mágicas de arena fina dorada bañadas por olas turquesas, detrás de las cuales esperan cumbres volcánicas que rozan los 560 m de altitud.

PLANO P. 64, F4

Punta del Papagayo

adultos 3 €

Monumento Natural de los Ajaches

Declarado Monumento Natural en 1994, la punta sureste de la isla ocupa 30 km² de sedientos y paisajes volcánicos bordeados por brillantes aguas atlánticas, que constituyen la parte más antigua de Lanzarote. Escondidos entre los llanos, los barrancos, las cumbres y los acantilados se encuentran importantes restos arqueológicos, como rastros vinculados a los majos (la población aborigen de la isla) y el yacimiento de San Marcial de Rubicón (el primer asentamiento europeo en Canarias). Con suerte, se pueden avistar aves rapaces, marinas y estepales.

Las playas del Papagayo

Con su aire caribeño, las seis calas vírgenes de arenas blancas que esperan entre los acantilados de la Punta del Papagayo son de las más perfectas del archipiélago canario. La más encantadora (y concurrida) es la playa del Papagayo, una curva de arena color crema rodeada de escarpados acantilados y olas tranquilas. Situada 1,5 km al noroeste, la preciosa Playa Mujeres cuenta con dunas salvajes y buen surf y esnórquel. Al noreste de la Punta, la caleta del Congrio es una popular playa nudista abierta al Atlántico, mientras que la playa del Pozo es un paraíso dorado escondido al lado noroccidental de la Punta.

A pie o en barco

Hay varios senderos tentadores dentro de la reserva natural, incluyendo la ruta entre Playa Blanca y la Punta del Papagayo, por la Playa Mujeres (6 km, 1½ h), y el desafiante camino desde Femés a Playa Blanca, pasando por el Degollado del Portugués y las playas del Papagayo (22 km, 6 h). También se puede llegar por mar: **Líneas Romero** (☎928 596 107; www.lineasromero.com; adultos/niños 59/35 €) organiza salidas de medio día en catamarán desde Puerto del Carmen.

★ Consejos

- Las playas del Papagayo no son un secreto; se recomienda llegar temprano para disfrutarlas en tranquilidad.
- Se accede por una pista de tierra (apta para vehículos) con un puesto de control donde se abona la entrada (3 € por vehículo, en efectivo).
- Papagayo solo tiene dos chiringuitos; también se puede organizar un pícnic.
- Al ser un espacio natural protegido, debe visitarse sin dejar huella.

Una pausa

Casa El Barba (☎928 901 713; Punta del Papagayo; principales 12-18 €; ⏲12.00-18.00) Para relajarse con un mojito o saborear el pescado fresco del día, una tabla de quesos o un bocadillo de jamón serrano, en una divertida terraza de chiringuito con magníficas vistas a la playa del Papagayo.

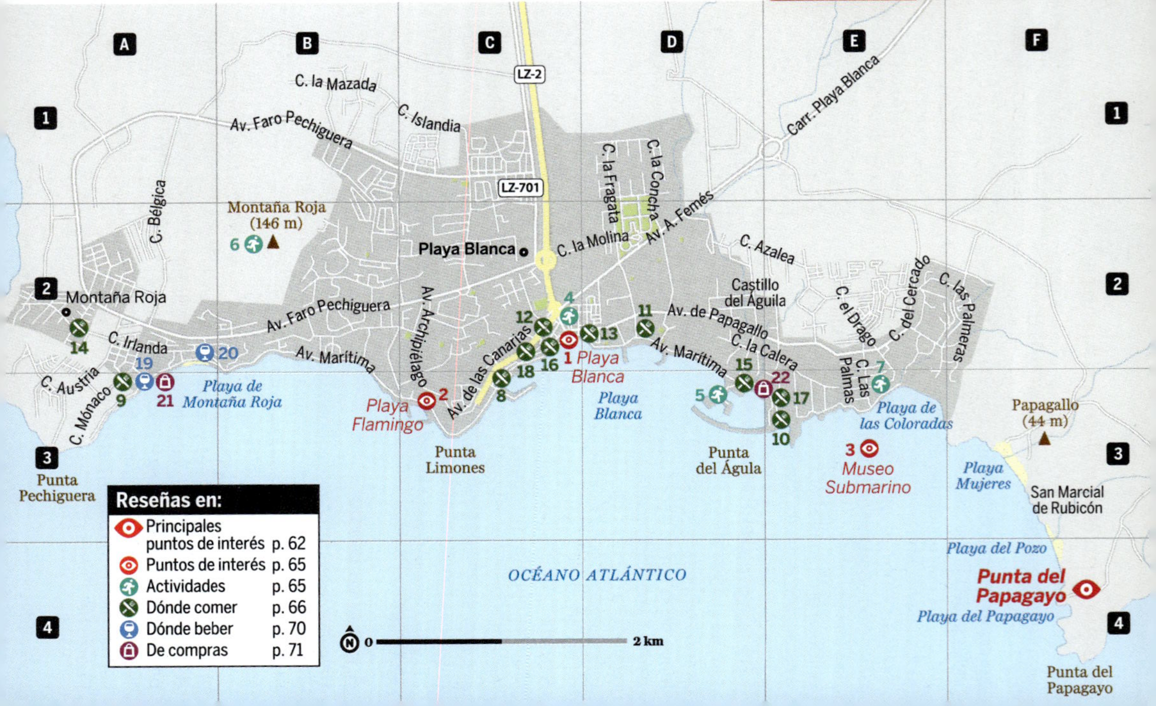
Playa Blanca
Montaña Roja
Montaña Roja (146 m)
Punta Pechiguera
Punta Limones
Punta del Águla
Castillo del Águila
Playa de Montaña Roja
Playa Flamingo
Playa Blanca
Playa de las Coloradas
Museo Submarino
Papagallo (44 m)
Playa Mujeres
San Marcial de Rubicón
Playa del Pozo
Punta del Papagayo
Playa del Papagayo
OCÉANO ATLÁNTICO
LZ-2
LZ-701
C. la Mazada
Av. Faro Pechiguera
C. Islandia
C. Bélgica
C. Irlanda
C. Austria
C. Mónaco
Av. Marítima
Av. Archipiélago
Av. de las Canarias
C. la Molina
C. la Fragata
C. la Concha
Av. A. Femés
Carr. Playa Blanca
C. Azalea
Av. de Papagallo
C. la Calera
C. el Drago
C. del Cercado
C. las Palmeras
C. Las Palmas
0 2 km
Reseñas en:
Principales puntos de interés p. 62
Puntos de interés p. 65
Actividades p. 65
Dónde comer p. 66
Dónde beber p. 70
De compras p. 71

Rutas de senderismo

La parte sur de la isla está repleta de interesantes rutas a pie, incluida la subida a la Montaña Roja (p. 66); el camino este desde Playa Blanca hasta la Punta del Papagayo (p. 62); los senderos alrededor del pueblo de Femés (8,5 km al noreste de Playa Blanca; véase p. 66); y el largo recorrido GR131, que cruza la isla entera (de Playa Blanca a Yaiza; 14 km, 4h).

Puntos de interés

Playa Blanca PLAYA

1 PLANO P. 64, C2

Una pequeña y encantadora cala de arena suave tostada por el sol sureño, con bandera azul, la playa principal del pueblo reluce con sus vistas hacia Fuerteventura y está rodeada de restaurantes. Unos 200 m al suroeste se encuentra un pequeño muelle, divertido para darse un chapuzón. (av. Marítima; 30, 43, 60, 161)

Playa Flamingo PLAYA

2 PLANO P. 64, C3

Esta blanca y dorada playa protegida, 1,5 km al suroeste del centro de Playa Blanca, es ideal para familias, con tumbonas, tiendas y vistas panorámicas de Fuerteventura. (av. Marítima; 30)

Museo Submarino BUCEO, MUSEO

3 PLANO P. 64, E3

Inaugurado en el 2017, a profundidades de 12-15 m, el primer 'museo' europeo de esculturas submarinas fue creado por el artista británico Jason deCaires Taylor. Con sus 2500 m² y sus 300 figuras de tamaño real, la obra (con pH neutro) trata temas tan importantes como el cambio climático y la crisis migratoria, y con el paso de los años se está convirtiendo en un arrecife artificial que atrae vida marina. La única forma de visitarlo es con una escuela de buceo local (con/sin certificación desde 90/140 €).

Actividades

Kaboti Surf SURF

4 PLANO P. 64, C2

Recomendable equipo que ofrece clases y cursos de surf en Famara (con yoga, si apetece), cursillos de *kitesurf* (por día 90 €) y aventuras de *paddle* surf a la reserva de la Punta del Papagayo (60 €). También alquila equipamiento y organiza masajes. (696 856 789; www.kabotisurf.com; av. Varadero 12; cursos surf 1/3 días 59/160 €; 10.00-13.00 y 16.00-19.00 lu-vi, 13.00-19.00 sa 30, 43, 60, 161)

Rubicón Diving BUCEO

5 PLANO P. 64, D3

Esta profesional escuela de buceo SSI, con espíritu sostenible y 15 años de experiencia, organiza inmersiones cerca de Playa Blanca

Femés

Una de las sorpresas más exquisitas del sur de Lanzarote es el pequeño y tradicional pueblo blanqueado de Femés, perdido en un mundo de paisajes áridos silenciosos entre Uga y Playa Blanca. Su centro es una plaza sombreada por palmeras y cuenta con una ermita del s. XVIII y asombrosas vistas hacia Playa Blanca. Enfrente de la plaza se encuentra la **Quesería Rubicón** (☎689 456 646; www.facebook.com/queseriarubicon; pza. San Marcial 3; 🕒10.00-15.00 lu-sa; 🚌5), conocida por su queso de cabra artesanal, que se puede degustar junto con un buen vino lanzaroteño. Y para un café, unas tapas o una comida isleña, el acogedor restaurante **Balcón de Femés** (☎928 113 618; c. San Marcial Rubicón 3; principales 7-15 €; 🕒10.00-22.00 ju-lu; 🚌5).

Siguiendo la ondulante ctra. LZ702 desde Uga o Playa Blanca se llega a Femés en 10 min. Entre las rutas de senderismo divertidas de la zona destacan la bajada a Playa Quemada (8 km, 3 h; véase p. 55) y a Playa Blanca por la Punta del Papagayo (22 km, 6 h).

y Puerto del Carmen, cursos Open Water (475 €) y de buceo libre (desde 90 €), y visitas al Museo Submarino (95 € con dos inmersiones). (☎928 349 346; www.rubicondiving.com; local 77B, Marina Rubicón; inmersión guiada 50 €; 🕒8.00-17.00 lu-sa; 🚌30)

Montaña Roja MONTAÑA, SENDERISMO

6 PLANO P. 64, B2

Teñido de marrón rojizo, el volcán más cercano a Playa Blanca alcanza los 197 m de altitud y ofrece una excursión divertida. Una sencilla ruta circular de 3 km (1 h) lleva al borde del volcán y lo recorre, con vistas hacia la Punta del Papagayo y Fuerteventura; el camino está bien señalizado desde la calle Noruega en la urbanización Montaña Baja, en la zona oeste de Playa Blanca. (urb. Montaña Baja; 🚌30)

Kayak Lanzarote ACTIVIDADES ACUÁTICAS

7 PLANO P. 64, E3

La espectacular Punta del Papagayo brilla aún más vista desde el agua. Este operador organiza salidas al Papagayo en kayak (3 h; adultos/niños 45/32 €) con parada para baño, pícnic y esnórquel, además de excursiones de *paddle surf* (45 €) y barranquismo (45 €) por el sur de Lanzarote. (☎661 825 780; www.kayaklanzarote.com; c. Las Palmas 5, Hotel The Mirador Papagayo; 🕒10.00-14.30 lu-sa; 🚌30)

Dónde comer

La Cofradía CANARIA €€

8 PLANO P. 64, C3

Se avistan los ferris desde la animada Cofradía, con sus techos de madera, sus manteles blancos y su terraza a pie de calle en el puerto de Playa Blanca. El pescado y marisco frescos, servidos al estilo canario, son los protagonistas de una impresionante carta que enfoca el producto de cercanía, como el cherne a la plancha con papas arrugadas, mojo y ensalada, o las picantes gambas al ajillo. Es perfecto también para café y bocadillos. (☎928 349 066; explanada del muelle; principales 10-16 €; 🕒6.00-23.00; 🚌30, 43, 60, 161)

Kamezí

DE FUSIÓN **€€€**

9 PLANO P. 64, A3

Una experiencia culinaria inolvidable espera en el templo vanguardista Kamezí (cerca del faro de la Punta Pechiguera), donde el innovador chef lanzaroteño Abel del Rosario revela sus elegantes menús de mercado y kilómetro 0. La degustación, de 9 o 12 platos, incluye productos de pequeños productores y viticultores locales, y los cócteles son un encanto (véase p. 70). La estilosa decoración –paredes de piedra, arcos blanqueados, seductoras vistas atlánticas– marida la arquitectura tradicional con el mundo natural. (☎626 873 695; www.kamezidelibistro.com; c. Mónaco 2, Kamezí Boutique Villas; menús degustación sin/con maridaje desde 55/83 €; 🕒18.30-22.00 ma-sa, 13.00-15.30 do; 🚌30)

Primario Gastrobar

TAPAS, DE FUSIÓN **€€**

10 PLANO P. 64, E3

En la punta sureste del puerto deportivo se esconde una terraza irresistible (ambiente moderno-rústico y barriles como mesas) que deleita al público lanzaroteño con su cocina creativa, contemporánea y de producto local. La carta, elaborada en colaboración con la Finca Machinda (p. 91), invita a devorar tentaciones como los quesos artesanales, el pulpo a la plancha o las gambas con ensalada *wakame*. Y para acompañar, cervezas artesanales y vinos de la isla. (☎636 291 309; www.primariogastrobar.com; local 8B, Marina Rubicón; raciones 5-14 €; 🕒12.00-15.30 y 18.30-23.00; 🚌30)

Isla de Lobos

DE FUSIÓN **€€€**

11 PLANO P. 64, D2

El galardonado chef madrileño Gonzalo Calzadilla enamora a los gastrónomos con su cocina de autor de filosofía sostenible, inspirada por el recetario canario tradicional, reinventado con técnicas y sabores atrevidos (*ramen* de cochinillo, sorbete de tomate, gambas de La Santa con aguachile, etc.). La mayoría de los ingredientes provienen de la conocida Finca de Uga (p. 78), y el escenario, en uno de los cinco estrellas más emblemáticos de Lanzarote, impresiona. (☎928 519 222; www.princesayaiza.com; av. Papagayo 22, Princesa Yaiza; menú degustación sin/con vino desde 48/84 €, principales 22-28 €; 🕒19.00-23.00 ma-do; 🚌30, 43, 60, 161)

Citurna

TAPAS, DE FUSIÓN **€€**

12 PLANO P. 64, C2

Divertida visión "comida casual" de tres hermanos, este local fusiona sabores internacionales e influencias del *street food* con los mejores ingredientes frescos de Canarias, con arte y sin pretensiones. La carta cambia por temporada (empanadas colombianas, papas trufadas, tacos de langostinos) y la decoración es una delicia tropical. Además, sirven excelentes vinos y vermuts de la isla y originales cócteles. (928 635 579; www.citurnacasualfood.com; c. El Correíllo 54; tapas 3.50-12 €, principales 9-15 €; 19.00-22.30 lu, 13.00-15.30 y 19.00-22.30 ma-sa)

Brisa Marina (Juan El Majorero) CANARIA **€€**

13 PLANO P. 64, D2

Las recetas canarias tradicionales, con un ligero toque contemporáneo, son la clave del éxito de este querido restaurante familiar con terraza en pleno paseo marítimo, que ofrece vistas a la Playa Blanca, la isla de Lobos y Fuerteventura. Entre los platos protagonistas destacan los arroces jugosos, el pescado local fresco (como el cherne a la plancha) y los entrantes al sabor de Lanzarote, como el queso frito o las gambas de La Santa. (928 517 206; www.restaurantebrisamarina.es; av. Marítima 97-99; principales 10-20 €; 10.00-23.00; 30, 43, 60, 161)

Coentro DE FUSIÓN **€€**

14 PLANO P. 64, A2

Una innovadora cocina global de sabores potentes y divertidos, a base del producto lanzaroteño de proximidad, es la fórmula del premiado chef brasileño João Faraco.

Primario Gastrobar (p. 67)

ISABELLA NOBLE©

La pequeña carta de tapas está dedicada a los platos favoritos que han pasado por la cocina (la merluza negra y la yuca frita) y el menú degustación cambia con el mercado. El detalle forma parte de la esencia del Coentro, desde la creativa vajilla artesanal hasta las caipiriñas de maracuyá. (☎676 833 799; www.restaurantecoentro.com; local 28, c. Irlanda 7; tapas 5-11 €, menú degustación 39 €; 🕒13.00-23.00 ma-sa)

Liken

CANARIA **€€**

15 PLANO P. 64, D3

La pasión por la tradición culinaria canaria imbuye la cocina del emergente chef local Dailos Perdomo. En su sofisticado salón marinero del puerto deportivo, con una terraza colgada sobre el agua, se reinterpretan los sabores típicos con visión contemporánea, ya sea un arroz negro, un pescado del día a la plancha o un *cheesecake* casero hecho a base de queso de la isla. (☎928 270 587; www.facebook.com/likenrestaurante; local 159F, Marina Rubicón; principales 14-19 €; 🕒13.00-23.00 ma-do; 🚌30)

La Chalanita

CANARIA **€€**

16 PLANO P. 64, C2

Conocido por su cálido comedor hogareño, trato generoso y respeto por el producto lanzaroteño de calidad, La Chalanita trabaja más que bien las carnes, el pescado y el marisco fresco de la zona. Se preparan con elegancia platos como la paella mixta, los mejillones a la marinera y el solomillo a la pimienta (flambeado a la mesa);

Brisa Marina (p. 68)

Desvío a Fuerteventura

La vecina de Lanzarote llama la atención desde todas las esquinas de Playa Blanca y, con tiempo, merece la pena hacer un salto para explorarla, aunque sea en una excursión de solo un día. Hay ferris entre Playa Blanca y Corralejo, en el norte de Fuerteventura, con **Líneas Romero** (www.lineasromero.com; adultos/niños 18/9 €, 30 min, 7 diarios), **Naviera Armas** (www.navieraarmas.com; adultos/niños 29/15 €, 35 min, 4 diarios) y **Fred Olsen** (www.fredolsen.es; adultos/niños 29/15 €, 25 min, 4 diarios).

además, hay buenas opciones vegetarianas y magníficos vinos. (928 517 022; av. Marítima 73; principales 10-20 €; 12.30-23.00 mi-lu; 30, 43, 60, 161)

Casa Brígida

CANARIA €€

17 PLANO P. 64, E3

Este restaurante familiar, con casi cinco décadas de historia, luce una terraza ideal para los días soleados y relajados en el puerto deportivo. Brillan los arroces hechos al momento (quizá caldoso, con carabineros y marisco) y el producto fresco surtido por los pescadores locales, todo con un punto de modernidad. (928 518 946; www.restaurantecasabrigida.com; local 32-33, Marina Rubicón; principales 14-19 €; 11.00-22.00 ma-do; 30)

Ninén

ITALIANA €

18 PLANO P. 64, C2

Acogedor salón, de color lima, donde degustar platos de pasta fresca casera al estilo de la *nonna*, mientras se admira la costa sur hasta la Punta del Papagayo. Los platos estrella incorporan pescado y marisco fresco, como los raviolis rellenos de salmón de Uga o los *linguine allo scoglio*. (685 249 673; www.ninenlanzarote.com; c. Limones 131; principales 8-13 €; 19.00-22.00 lu, 12.30-15.00 y 19.00-22.00 ma-sa; 30, 43, 60, 161)

Dónde beber

Terraza Ocean View

BAR, CÓCTELES

19 PLANO P. 64, A3

Un camino blanqueado bordeado por cactus lleva a una terraza dotada de 'cuevas' con rincones para relajarse, hundidas entre balsas de agua decorativas, mirando hacia Fuerteventura. Se puede disfrutar de cócteles de autor (12 €) que incorporan ingredientes de Lanzarote, como el mojiterráneo (lleno de especias y albahaca), y una extensa carta de vinos del mundo, además de delicadas raciones de picoteo (jamón ibérico, queso isleño; 6-12 €). Es parte del proyecto gastronómico Kamezí (p. 67). (626 873 695; www.kamezidelibistro.com; c. Mónaco 2, Kamezí Boutique Villas; 13.00-22.00 ma-sa, 13.00-15.30 do; 30)

Chiringuito Tropical

BAR

20 PLANO P. 64, A2

Todo un favorito en el paseo marítimo, con mesas azul celeste en la arena y vistas hacia Fuerteventura, este relajado chiringuito apetece tanto para un mojito (7 €) o un vino de la tierra para acompañar la puesta de sol, como para pasar la tarde con unas tapas caseras o un buen arroz (10-15 €), incluida una paella vegetariana. Está unos 3,5 km al oeste del centro de Playa Blanca, cerca del faro de la Punta Pechiguera. (645 487 165; av. Marítima; 10.00-21.00; 30)

De compras

Kamezí Deli Market

GASTRONOMÍA

21 PLANO P. 64, A3

Nacido como parte de una de las propuestas gastronómicas más vanguardistas de la isla (véase p. 67), este delicatesen, rústico y chic a la vez, ofrece pan y bollería recién horneados, aceites de oliva canarios, sales de Janubio de Lanzarote, fruta y verdura ecológica de la Finca Machinda en Tao (p. 91), y otros productos locales *gourmet*. (www.kamezidelibistro.com; c. Mónaco 2, Kamezí Boutique Villas; 8.30-13.00 lu y do, 8.30-13.00 y 17.00-19.30 ma-sa; 30)

Mercadillo Rubicón

MERCADO

22 PLANO P. 64, E3

Puestos de artesanía local y productos de la isla (vinos, quesos, mermeladas, cosmética natural, etc.) llenan el paseo marítimo del puerto deportivo dos mañanas a la semana. (www.marinarubicon.com; Marina Rubicón; 9.00-14.00 mi y sa; 30)

Chiringuito Tropical (p. 70)

Explorar

Parque Nacional de Timanfaya, Yaiza y alrededores

El mayor espectáculo de Lanzarote, el Parque Nacional de Timanfaya nació de las erupciones volcánicas de 1730-1736 y 1824. Este árido, único y silencioso mundo lunar, casi vacío de vida, cobre, gris y negro, alberga 25 conos volcánicos. A su alrededor se ubican los fascinantes pueblos de Yaiza, Uga y, anclado en la costa, El Golfo.

Lo esencial

- ***Parque Nacional de Timanfaya (p. 74)*** *Un desolado y espectacular paisaje creado por el fuego.*
- ***El Golfo (p. 77)*** *Recorrer la dramática costa volcánica y disfrutar la cocina canaria a orillas del Atlántico.*
- ***Senderos volcánicos (p. 77)*** *Hay rutas guiadas por el parque nacional o aventuras libres en el Parque Natural de los Volcanes.*
- ***Yaiza (p. 79)*** *Unos de los pueblos más perfectos de las islas Canarias.*
- ***Salinas de Janubio (p. 77)*** *Se puede admirar la magia reflejante de las salinas mientras se disfruta un buen arroz.*

Cómo llegar y desplazarse

La línea de autobús nº 60 conecta Uga y Yaiza con Arrecife y Playa Blanca; la nº 161 comunica Yaiza con Playa Blanca, Puerto del Carmen y el aeropuerto. Para el Parque Nacional de Timanfaya y El Golfo no hay transporte público.

Véase el plano en p. 76.

Parque Nacional de Timanfaya.
TATYANA VYC/SHUTTERSTOCK©

Principales puntos de interés

Parque Nacional de Timanfaya

La dramática belleza insólita del Timanfaya constituye uno de los paisajes protegidos más singulares de España. Surgidas entre 1730 y 1736 por violentas erupciones, las Montañas del Fuego tienen su epicentro en 51 km² de pura magia volcánica. Esplendentes conos dan paso a retorcidas olas de lava solidificada, rodeadas por una silenciosa fantasía volcánica teñida de rojizo, negro, gris y granate, en la que solo sobreviven un puñado de especies.

PLANO P. 76, B3

www.miteco.gob.es

Islote de Hilario

adultos/niños 12/6 €

9.00-18.45 jun-sep, 9.00-17.45 oct-may

Historia

Las erupciones que se iniciaron el 1 de septiembre 1730 devastaron casi 200 km² del sur de la isla, incluyendo 50 pueblos y aldeas. Durante seis años, se lanzaron 48 millones de m³ de lava al día por el campo hasta el océano. Otra erupción, en 1824, provocó la aparición de tres nuevos volcanes: Tao, Tinguatón y Volcán Nuevo del Fuego. En 1974, este inhóspito paisaje lunar (donde hoy solo viven lagartos, conejos, musarañas canarias, ratas negras y 200 especies de líquenes) se convirtió en el Parque Nacional de Timanfaya, con su famoso logotipo de "El Diablo" diseñado por César Manrique. Al norte, este y sur se extiende el Parque Natural de los Volcanes, una maravilla de malpaís de 102 km² (y acceso libre).

Acceso al parque nacional

El centro de recepción de visitantes principal (un mirador/restaurante diseñador por César Manrique, en el Islote de Hilario) se encuentra 2 km al oeste de la carretera LZ67 (señalizado 8 km al noreste de Yaiza). A no ser que se haya reservado una ruta de senderismo guiada o se esté recorriendo la Ruta del Litoral (p. 77), la única forma de acceder al parque nacional es la **Ruta de los Volcanes,** un circuito en autobús que recorre 14 km (35 min) al corazón de la zona protegida, atravesando uno de los espacios volcánicos más espectaculares del mundo. Los autobuses salen del centro de visitantes, donde el equipo del parque revela una serie de trucos volcánicos.

El **Centro de Visitantes Mancha Blanca** (☎928 118 042; www.miteco.gob.es; ctra. LZ67, km 11,5; gratis; 🕒9.00-16.00), 2,5 km al suroeste de Mancha Blanca, ofrece información sobre rutas de senderismo y un excelente museo audiovisual sobre la geología e historia de la zona. También hay mapas y consejos en el **punto de información Echadero de Camellos** (www.miteco.gob.es; ctra. LZ67, km 5,5; gratis; 🕒8.00-13.00), 2,5 km al sur de la entrada al parque nacional.

★ Consejos

- Llegar a primera hora (antes de las 10.00) para evitar colas.
- La Experiencia Insólita (38 €) es una visita guiada a partes del parque normalmente restringidas al público, con degustación de vinos y tapas (www.cactlanzarote.com).
- Los paisajes del Parque Natural de los Volcanes son alucinantes; no hay que perderse la ctra. LZ67 entre Mancha Blanca y el volcán del Cuervo.
- Las maravillas del parque nacional se aprecian también desde la aldea costera de El Golfo.

✕ Una pausa

El Diablo (www.cactlanzarote.com; Islote de Hilario; raciones 5-10 €, principales 13-18 €; 🕒9.30-16.45) prepara carnes al horno de piedra, usando el calor natural del volcán; su salón circular fue diseñado por Manrique. También se puede continuar hacia el noreste hasta el Teleclub de Mancha Blanca (p. 93).

Reseñas en:
Principales puntos de interés p. 74
Puntos de interés p. 77
Actividades p. 80
Dónde comer p. 80
De compras p. 82
0
4 km
Caleta de los Reyes
Playa del Calladito
Tenesar
Punta Gaviota
Playa de Chó Gregorio
Islotes de Punta Gaviota
Islotes del Cortijo
Islotes del Gato
Playa de las Malvas
Playa de la Madera
OCÉANO ATLÁNTICO
Punta del Paletón
Caleta de Chó José Luis
Islotes de los Betancores
Islote de Montaña Bermeja
Casas del Islote
3
Caldera Blanca
Caldera Blanca (149 m)
Las Cañas (458 m)
Islote de los Conejos
El Temblejedor
Punta de la Ensenada
Playa del Cochino
El Volcán
Cueva de los Pescadores
Cueva del Lago de Lava
Centro de Visitantes Mancha Blanca
El Caldero
Caldera Roja (427 m)
LZ-67
Montaña del Chinero (356 m)
Baja de los Cangrejos
Montaña de Halcones (103 m)
Parque Nacional de Timanfaya
Los Miradores (509 m)
Pico Partido (517 m)
Fuego (510 m)
Caldera del Carazoncillo (267 m)
Playa del Paso
Montaña Rajada (373 m)
Montañas del Fuego
Montaña Encantada (246 m)
Punto de Información Echadero de Camellos
13
1 El Golfo
El Golfo
9
Charco de los Clicos
5
Montaña Tremesana (328 m)
LZ-67
Montaña Chupaderos (432 m)
LZ-703
Parque Natural de los Volcanes
La Geria
Montaña Bermeja (106 m)
LZ-704
LZ-30
Los Hervideros
6
Yaiza
8
12
15
14 17 16
Valle de Fenauso
Iglesia de Nuestra Señora de los Remedios
Uga
4
7
Cook in Lanzarote
Finca de Uga
11
10
2 Salinas de Janubio
La Hoya
LZ-2
Las Casitas de Femés
La Degollada
Playa de Janubio
Valle de Femés
LZ-706
Atalaya de Femés (608 m)
LZ-2
LZ-702
Pico Naos (419 m)
Puerto Calero
Las Breñas
Playa Quemada
Femés
Bahía de Ávila
A B C D
1 2 3 4 5 6

Senderos de Fuego

Si se planea con antelación, se puede explorar el Parque Nacional de Timanfaya a pie, aunque solo haya dos rutas de senderismo dentro de sus límites. La difícil **Ruta del Litoral** (12 km, 4 h), de acceso libre (con calzado adecuado), discurre hacia el norte desde El Golfo hasta la playa de la Madera (p. 80). La **Ruta Tremesana,** guiada (3 km, 3 h; gratis), sale de la plaza de Yaiza, en grupos de ocho personas, varias veces a la semana; se debe reservar en línea (www.reservasparquesnacionales.es) con toda la antelación posible o, como último recurso, llamar al Centro de Visitantes Mancha Blanca (p. 75) un par de días antes por si ha habido alguna cancelación. También se ofrece una versión acortada mensual guiada (gratuita) de la Ruta del Litoral (5,8 km, 3½ h), que se reserva por los mismos medios. No hay que perderse tampoco los increíbles senderos (sin restricciones) del Parque Natural de los Volcanes, donde destacan la Caldera Blanca (p. 78) y el volcán del Cuervo (p. 89).

Puntos de interés

El Golfo — PUEBLO

1 PLANO P. 76, A4

Enroscado en la costa suroeste de la isla, con el Timanfaya al norte y rodeado de naturaleza alucinante, este relajado y antiguo pueblito pesquero tiene fama por sus excelentes restaurantes de pescado y marisco (véase p. 81), su arquitectura tradicional y su increíble laguna (véase p. 79). Resulta un lugar fabuloso para disfrutar la puesta de sol frente a las tremendas olas del Atlántico. (ctra. LZ703)

Salinas de Janubio — SALINAS

2 PLANO P. 76, A5

Fundadas a finales del s. XIX y con un importante valor patrimonial, medioambiental y arquitectónico, las relucientes Salinas de Janubio (8 km al sur de El Golfo) son de las pocas que aún quedan en funcionamiento en Canarias. Cada año se extraen 15 000 toneladas de sal de manera artesanal. Se pueden visitar (con reserva previa) en un circuito guiado que incluye una cata de sales; también hay una tienda de productos y un buen restaurante (véase p. 81). Al frente de las salinas se encuentra la volcánica **playa de Janubio,** que resulta perfecta para un paseo (pero no para bañarse, debido a que las corrientes son peligrosas). (☎659 449 849; https://salinasdejanubio.com; ctra. LZ703, La Hoya; visitas guiadas adultos/niños 12/6 €; ⏲10.00-18.00 lu-vi, 11.00-17.00 sa)

Caldera Blanca

MONTAÑA, SENDERISMO

3 PLANO P. 76, D2

Uno de los senderos más espectaculares de Lanzarote parte desde un aparcamiento 2 km al oeste de Mancha Blanca, en la frontera noreste del Parque Nacional de Timanfaya. La ruta de 9 km (3½ h), con fuertes pendientes y algunas secciones resbaladizas, atraviesa un malpaís de lava antes subir de forma abrupta al punto más elevado (461 m) del borde de la majestuosa Caldera Blanca, dentro del Parque Natural de los Volcanes. Desde la cima, se avistan el Timanfaya, Famara y la isla de La Graciosa. (16, 52, 53)

Finca de Uga

HUERTA, GRANJA

4 PLANO P. 76, C5

Lugar de origen de los quesos más galardonados de Lanzarote (su Bodega Oveja fue premiada en los World Cheese Awards 2019), esta finca de 70 000 m^2, fundada en el año 2006, es un paraíso completamente sostenible que gira en torno a la materia prima canaria. Los quesos se elaboran respetando al máximo las técnicas tradicionales, a base de la leche de sus propias cabras, vacas y ovejas, y las frutas y hortalizas se cultivan estacionalmente. La única forma de visitar el complejo es hacerlo formando parte de una experiencia gastronómica

Salinas de Janubio (p. 77)

JULIA-BOGDANOVA/SHUTTERSTOCK©

SYBILLE REUTER/SHUTTERSTOCK©

Charco de los Clicos.

organizada por el restaurante Isla de Lobos (p. 67) de Playa Blanca. (☎928 836842; https://fincadeuga.com; ctra. LZ2, km 21; visitas guiadas sin/con cena 20/desde 75 €; 🚌60)

Charco de los Clicos LAGUNA

5 👁 PLANO P. 76, A4

Esta pequeña laguna protegida, teñida de color verde esmeralda, escondida en el cráter de un volcán sumergido en el Atlántico,

Yaiza

A pesar de ubicarse inmediatamente al sur del actual Parque Nacional de Timanfaya, el hermoso pueblo de Yaiza sobrevivió milagrosamente a las erupciones del s. XVIII. Con su elegante arquitectura tradicional, sus explosiones de buganvilla y sus vistas rojizas volcánicas, hoy Yaiza se considera uno de los pueblos mejor conservados del archipiélago y alberga varios excelentes restaurantes (véase p. 82). Sus relucientes calles blanqueadas llevan a la **iglesia de Nuestra Señora de los Remedios** (pza. Nuestra Señora de los Remedios; 🕐amanecer-anochecer 🚌60, 161), construida en el s. XVIII sobre una ermita de 1699 y con retablo barroco; su puerta está protegida por un ombú traído (se cree) desde las pampas argentinas.

Playas de Timanfaya

En la punta norte del Parque Nacional de Timanfaya se esconden dos solitarias y salvajes playas de arena y roca negra, la **playa de la Madera** y la **playa de las Malvas,** rodeadas de singulares paisajes tallados por las erupciones volcánicas. Se accede por una pista de tierra desde la LZ67 (que conecta Mancha Blanca con el Islote de Hilario), o, alternativamente, siguiendo el sendero de la Ruta del Litoral (p. 77). No se recomienda el baño por las fuertes oleadas.

se hizo famosa en la década de 1960 con la película *Hace un millón de años,* antes de cautivar al gran director Pedro Almodóvar (donde rodó *Los abrazos rotos*). Las paredes texturizadas de roca volcánica realzan el intenso color del agua del llamado Charco Verde, cuyo nombre es resultado de las microalgas que contiene. A su mirador se accede desde la punta sur de El Golfo. (LZ703, El Golfo; gratis; 24h)

Los Hervideros NATURALEZA

6 PLANO P. 76, A5

Unos 5 km al sur de El Golfo, el Atlántico se lanza contra una pareja de cuevas costeras de origen volcánico y crea un impresionante remolino oceánico. Se recomienda llegar temprano para poder disfrutar del hermoso espectáculo natural con tranquilidad. (ctra. LZ703; gratis; 24h)

Actividades

Cook in Lanzarote GASTRONOMÍA

7 PLANO P. 76, C5

Un dúo gastrónomo franco-español revela los secretos de su cocina en un variado desfile de talleres que se centran en el producto ecológico de cercanía y la pesca sostenible. Además de cursos enfocados en la gastronomía típica canaria (incluidos arroces y pescado), hay talleres de *sushi,* de comida vegana y de cocina tailandesa e india, y divertidas colaboraciones con conocidos chefs de la isla. (☎ 928 836 274; https://cookinlanzarote.com; c. el Traspiés 1, Uga; 🚌 60)

Dónde comer

Bodega de Santiago CANARIA €€

8 PLANO P. 76, C5

Esta cuidadosamente restaurada casona del s. XIX, con el Timanfaya en el horizonte, resulta tan encantadora como la cocina que ofrece, elaborada con los mejores ingredientes de Lanzarote y la península con un punto creativo. Innovadoras recetas como las viejas crujientes en caldo oriental, la ensalada de espinacas y quesos de la Finca de Uga (véase p. 78), el solomillo al durazno y el volcán de chocolate dominan la carta, y aún se elaboran algunos platos típicos del fundador Santiago Eugenio. Un ficus de 65 años da sombra a la pintoresca terraza. (928 836 204; https://labodegadesantiago.es; c. Montañas del Fuego 27, Yaiza; principales 17-22 €; 12.30-23.00 ma-sa, 12.30-18.00 do; 60, 161)

Costa Azul (Casa Tato)

CANARIA **€€**

9 PLANO P. 76, A4

Entre los restaurantes costeros de El Golfo destaca esta deliciosa terraza con manteles azules y decorada con cuadros del artista vasco Adolfo Areizaga. La tradición canaria brilla en elegantes raciones como los taquitos de cherne al limón, el queso de cabra artesano, el potaje canario y las almejas salteadas, y de segundo, lenguado o carabineros a la plancha o un arroz para dos (hay paella vegetariana). Se encuentra situada en la punta sur de la aldea. Se recomienda reservar. (928 173 199; av. Marítima 8, El Golfo; principales 12-20 €; 12.00-21.00)

Mirador de las Salinas

CANARIA **€€**

10 PLANO P. 76, A5

Las magníficas vistas hacia las Salinas de Janubio (p. 77) enamoran desde la terraza de este especialista en productos del mar y de mercado. La carta se divierte con pescado fresco, con raciones de inspiración canaria (tallarines de tinta de calamar con marisco, *carpaccio* de cherne, queso con mermelada de gofio) y, especialmente, con exquisitos arroces (negro de calamar sahariano, caldoso de carabineros, paella de verduras). (928 173 070; www.miradordelassa

Costa Azul (p. 81)

linas.com; c. Los Molinos 5, Salinas de Janubio, La Hoya; principales 15-25 €; ⌚12.15-21.00 vi-mi)

Bodega de Uga
CANARIA €€

11 PLANO P. 76, C5

En esta elegante bodega-restaurante familiar con terrazas ajardinadas y un salón de ambiente rústico los menús cambian cada día, mostrando el producto local que va llegando cada temporada. Las tapas y raciones pueden incluir ensaladas de aguacate, calamares saharianos, quesos de Lanzarote y carnes a la brasa, todo acompañado con los mejores vinos de la isla. (☎928 830 147; www.facebook.com/bodegadeuga; ctra. LZ2Yaiza-Uga, Uga; platos 10-15 €; ⌚13.00-17.30 y 19.00-24.00 ma-sa, 13.00-17.00 do; 🚌60)

Bar Stop
TAPAS €

12 PLANO P. 76, C5

Una parada favorita tanto entre los ciclistas como para la gente local, este bar de picoteo de toda la vida lleva desde 1890 enfrente de la iglesia de Yaiza. Sus raciones y tapas deliciosamente caseras (tortilla, garbanzas, paella, papas arrugadas) se disfrutan en un par de mini mesas con taburetes a pie de calle. (pza. Nuestra Señora de los Remedios 6, Yaiza; tapas 3 €; ⌚5.00-23.00; 🚌60, 161)

Restaurante Bogavante
CANARIA €€

13 PLANO P. 76, A4

Otro favorito de El Golfo, a orillas del Atlántico, con mesas bajo sombrillas dispersadas en la arena. Las especialidades conejeras, como la morena frita, el cherne o la vieja a la plancha y la sopa de marisco, llenan la carta, en la que también figuran excelentes arroces. Es ideal para disfrutar una mágica puesta de sol con una copa de malvasía y una ración de queso frito con dulce de higo. (☎928 17 35 05; av. Marítima 39, El Golfo; principales 12-25 €; ⌚11.00-20.00)

De compras

Ahumadería de Uga
GASTRONOMÍA

14 PLANO P. 76, C5

Uno de los productos estrella de la gastronomía conejera es el famoso salmón ahumado que elabora esta pequeña y apasionada empresa familiar de Uga. El salmón, de Noruega y Escocia, se ahúma a diario en hornos artesanales, con sal lanzaroteña de Janubio, y se deja ver en todo buen restaurante local. Se puede adquirir en su tienda a partir de 500 g. (☎928 830 132; www.facebook.com/ahumaderiadeuga; ctra. LZ2, km 20, Uga; ⌚10.00-14.00 ma-sa; 🚌60)

Centro de Artesanía La Antigua Escuela
ARTESANÍA

15 PLANO P. 76, C5

La preciosa bisutería artesanal de Atelier Sandra, los jabones hechos a mano de M'Aroma y las creaciones cerámicas de Alicia Penin destacan entre las propuestas de artesanos locales en este acogedor centro, que también alberga un sencillo café-bar de tapas (tortilla, quesos, calamares; 4-12 €). (c. Vista de Yaiza 32; ⌚10.00-18.00; 🚌60, 161)

Mercadillo de Uga

GASTRONOMÍA

16 🛍 PLANO P. 76, C5

Los fines de semana se pueden comprar en este lugar una variedad de productos frescos (la mayoría ecológicos) del campo lanzaroteño: vinos, quesos, licores, mermeladas, fruta y verdura. También hay puestos de artesanos. El mercadillo se levanta junto a la iglesia del pueblo. (c. Joaquín Rodríguez, Uga; ⌚9.30-13.30 sa y do; 🚌60)

Mamá Pepa

COSMÉTICA

17 🛍 PLANO P. 76, C5

Pepa Calderó elabora exquisitos jabones, champús sólidos y sales de baño de forma totalmente artesanal, usando exclusivamente ingredientes naturales (muchos de ellos ecológicos), como el aceite de oliva o de coco y las hierbas esenciales, comprados a pequeños productores locales. Todo se hace con respeto absoluto por el medio ambiente: incluso los paquetes son de cartón reciclado y tintes vegetales. Tiene otra tienda en la Casa-Museo del Campesino (p. 93). (https://mamapepa.com; c. Joaquín Rodríguez 22, Uga; ⌚10.00-14.00 ma-ju; 🚌60)

Centro de Artesanía La Antigua Escuela (p. 82)

ISABELLA NOBLE©

Explorar

La Geria y tierra de vinos

Nacida de las catastróficas erupciones volcánicas del s. XVIII, la zona vitivinícola de La Geria es una maravilla de la naturaleza aprovechada por los sabios amantes del vino de antaño. Dentro de este misterioso y sobrenatural paisaje lunar, protegido al noroeste por el Parque Nacional de Timanfaya, paredes de piedra en forma de media luna protegen las bajas viñas enriquecidas por arenas de lava. Las zonas vecinas de Masdache y Tinajo también cultivan viñedos.

Lo esencial

- ***Bodegas (p. 86)*** *El mundo de la malvasía volcánica se degusta mejor de la mano de un experto local.*
- ***Volcán del Cuervo (p. 89)*** *Perdido entre paisajes apocalípticos, es el volcán original de la serie Timanfaya.*
- ***Los teleclubs (p. 93)*** *Una buena manera de disfrutar la larga tradición culinaria de la isla.*
- ***Mercadillos (p. 97)*** *Hay que conocer el corazón agrario de Lanzarote y sus productos artesanales.*
- ***La Santa (p. 87)*** *Pueblo poco turístico con surf alucinante y excelentes restaurantes.*

Cómo llegar y desplazarse

La línea de autobús nº 16 conecta Arrecife con La Santa, pasando por Mozaga, Tao, Tiagua, Mancha Blanca y Tinajo; la nº 52 viaja entre La Santa y Teguise (la nº 53 continúa hasta Los Valles); la nº 32 comunica San Bartolomé y Masdache con Arrecife y Playa Honda. Para llegar a las bodegas se recomienda coche o bici, o, mejor, un circuito guiado.

Véase el plano en p. 88.

Viñedos de la Geria.

UNDERWORLD/SHUTTERSTOCK©

Circuito a pie

De ruta entre viñas, bodegas y naturaleza

Se dice que toda crisis también presenta sus oportunidades, y gracias a las sucesivas erupciones volcánicas que vivió Lanzarote en el s. XVIII, hoy la isla disfruta de una increíble y única viticultura. Esta gratificante ruta por La Geria y sus alrededores enlaza grandes bodegas históricas y pequeños productores familiares con rincones de naturaleza inolvidables.

Datos

Inicio Bodega El Tablero

Final La Santa

Duración 40 km; 1 día

❶ Bodega El Tablero

Unos 2 km al noreste de Uga, con el Timanfaya en el horizonte, El Tablero (p. 92) es una pequeña bodega independiente y sostenible, donde se puede degustar una copa de malvasía o listán negro acompañada de tapas de queso de cabra artesano.

❷ El Chupadero

Para una pausa entre vistas volcánicas alucinantes, nada mejor que la terraza de El Chupadero (p. 95), con sus elegantes tapas canarias, sus bizcochos caseros, sus cafés cargados y su ambiente relajado.

❸ Bodegas Vega de Yuco

Al sur del pueblo de Masdache, Vega de Yuco (p. 90) es una de las bodegas más intrigantes de la isla, conocida por su malvasía ecológico con distintiva botella azul y sus bellos panoramas elevados.

❹ El Grifo

El famoso logo diseñado por el gran artista César Manrique da la bienvenida a El Grifo (p. 91), la bodega más antigua de Canarias. Además de circuitos guiados (se aconseja reservar), se ofrecen catas variadas y sencillas tapas, junto con un museo dedicado al vino.

❺ Bodega Los Bermejos

Entre los momentos estrella de La Geria destaca una copa de malvasía ecológico en la soleada terraza de Los Bermejos (p. 89), galardonada por su viticultura de vanguardia. ¡Hay que reservar para visitas guiadas!

❻ Volcán del Cuervo

El primer volcán de la erupción Timanfaya aparece en un extraordinario malpaís de lava directamente al norte de La Geria (hay que retroceder por la misma carretera para encontrarlo); desde un aparcamiento cercano, un sendero poco complicado lleva al impresionante interior de la caldera (véase p. 89). La sinuosa ctra. LZ56 continúa hasta Mancha Blanca, atravesando paisajes de otro mundo.

❼ Ermita de los Dolores

Cuenta la historia que la Virgen de los Dolores (la Señora de los Volcanes), patrona de la isla, protegió al pueblo de Mancha Blanca durante las erupciones del s. XVIII. Esta ermita blanqueada, al este del pueblo, fue construida en su honor a finales del mismo siglo. Cada octubre se celebra la Romería de los Dolores, una gran peregrinación a la que se unen miles de conejeros para venerar aquí la imagen de la Virgen. (c. Virgen de los Dolores 10, Mancha Blanca; ⌚9.00-20.00 jun-sep, 9.00-18.30 oct-may; 🚌16, 52, 53)

❽ La Santa

El pueblo marinero de La Santa, 5 km al norte de Tinajo en la salvaje costa norte de la isla, es conocido por su fantástico surf, sus vistas Atlánticas, sus exquisitas gambas y el complejo deportivo Club La Santa. Para los amantes de la gastronomía, también esperan divinos platos creativos de inspiración local en ALMA Tapas & + (p. 94).

Reseñas en:
Puntos de interés p. 89
Actividades y circuitos p. 94
Dónde comer p. 94
Dónde beber p. 97
De compras p. 97
0 4 km
A B C D
1 2 3 4 5 6
Punta Prieta
Caleta de Caballo
Caleta del Caballo
La Isleta
Los Risquetes
11 La Santa
Sóo (293 m)
Sóo
Montaña Bermeja (102 m)
Caleta de los Reyes
Tenesar
LZ-401
El Cuchillo
Muñique
Islotes de Punta Gaviota
Islotes del Cortijo
La Costa
Tinajo
La Cañada
16
Islotes del Gato
LZ-20
Valle del Peñón
14 Tiagua
Tajaste
Yuco
Mancha Blanca
18
LZ-46
La Vegueta
Caldera Blanca (149 m)
Teleclub de Mancha Blanca
Tao
4 Teleclub de Tao
Finca Machinda
Tiguatón
Las Cañas (458 m)
LZ-20
Teleclub de Mozaga
Mozaga
Caldera Roja (427 m)
LZ-67
LZ-58
Casas de la Florida
13
Ortiz (450 m)
9 15
Bodega 2 Los Bermejos
Casa-Museo del Campesino
Los Miradores (509 m)
Pico Partido (517 m)
LZ-56
El Islote
San Bartolomé
El Grifo 5
Museo Etnográfico Tanit 19
Caldera del Carazoncillo (267 m)
Volcán del Cuervo 1
Masdache
Montaña Blanca
LZ-67
Parque Natural de los Volcanes
3 Bodegas Vega de Yuco
17
LZ-35
LZ-30
LZ-503
Bodega 10 La Geria
Bodega 7 Rubicón
Vega Volcán 8
Montaña Blanca (595 m)
Güime
La Geria
La Asomada
Conil
6 Bodega El Tablero
12
LZ-501
Montaña Tinasoria (503 m)
Tías
LZ-2
Uga
Mácher
Aeropuerto de Lanzarote-César Manrrique
LZ-2
LZ-504
LZ-505
LZ-40
Puerto del Carmen

Puntos de interés

Volcán del Cuervo NATURALEZA, SENDERISMO

1 PLANO P. 88, B5

El 1 de septiembre de 1730, el primer volcán que entró en erupción fue el del Cuervo, ahora perdido en un espléndido mar de lava que forma uno de los paisajes más especiales de la isla, dentro del Parque Natural de los Volcanes. Sus llamativas laderas de cenizas rojo óxido y negro brillante, bordeadas por líquenes, llaman desde todas direcciones, con la Montaña Colorada al frente. Hay que dejar el coche en un aparcamiento en la ctra. LZ56, 1,5 km al norte de la LZ30; desde aquí parte un sencillo sendero señalizado (1,5 km, 20 min) que baja al interior del cráter, donde crecen geranios salvajes. (ctra. LZ56; gratis; 24 h)

Bodega Los Bermejos BODEGA

2 PLANO P. 88, C4

Revitalizada con alucinante éxito en el 2001, con una visión tan innovadora como sostenible, Los Bermejos produce 15 vinos de mínima intervención, de uvas moscatel, diego, listán negro y malvasía (incluyendo malvasía seco ecológico). Los dos espumosos se crean con el método champenoise, en barriles de roble. Se pueden disfrutar los vinos sin prisas en la terraza rodeada de palmeras, o bien reservar visita interpretada de 40 min con degustación de dos vinos (12 €). (☎928 522 463; www.losbermejos.com; camino Los Berme-

Camino entre campos de lava y el volcán del Cuervo.

Los secretos de la viticultura volcánica

La viticultura en Lanzarote se caracteriza por una serie de elementos únicos que han situado a la isla a la vanguardia del mundo del vino canario. A las islas Canarias nunca llegó la catastrófica filoxera que arrasó los viñedos peninsulares en los ss. XIX y XX, por lo que aún se conservan y cultivan las antiguas variedades de uvas autóctonas lanzaroteñas. Por otro lado, las erupciones del s. XVIII crearon una capa de picón (o ceniza volcánica negra) que se extendió por La Geria; el picón, que puede llegar a 3 m de profundidad, hace que la tierra retenga agua (un recurso escaso aquí), atraiga el sol y quede protegida de la erosión. A la vez, las bajas paredes de piedra, de unos 60 o 70 cm, protegen del viento a la viña, que se cultiva en distintivos hoyos hondos circulares o en zanjas perimetrales.

El 70% del vino lanzaroteño es malvasía volcánica (blanco y seco), aunque las uvas listán negro, listán blanco, diego (o vijariego) y moscatel se elaboran y aprecian cada año más. La D.O. Lanzarote (www.dolanzarote.com), fundada en 1993, incluye 21 bodegas repartidas por La Geria, Masdache, Tinajo y el norte de la isla; también hay pequeños productores independientes fuera de la D.O. El enfoque está en los vinos jóvenes (secos y con fuerte sabor mineral), y la vendimia lanzaroteña, que comienza a mediados de julio, es una de las más tempranas en Europa. Cada uva se vendimia a mano, muestra de que el éxito aquí hay que buscarlo en la baja producción de calidad y la ingeniosa adaptación del viticultor conejero a su entorno natural.

jos 7, La Florida; catas copa/botella 2,50/15 €; ⌚8.00-15.00 lu-vi, visitas guiadas 11.00 lu-vi; 🚌32)

Bodegas Vega de Yuco BODEGA

3 PLANO P. 88, C5

Aproximadamente 1,5 km al sur de Masdache, esta bodega de filosofía sostenible disfruta de una envidiable posición en unas laderas volcánicas con vistas distantes al Timanfaya. La malvasía y la listán negro son sus uvas triunfadoras, a menudo presentadas en su emblemática botella azul. Durante la visita guiada semanal de 50 min (se recomienda reservar antes) se catan dos vinos ecológicos. También hay planes para futuras catas en una cercana casa-bodega del s. XVIII. (📞928 524 316; www.vegadeyuco.com; camino del Cabezo, Masdache; visitas guiadas 14 €; ⌚7.30-15.00 lu-vi, visitas guiadas 12.00 ju; 🚌32)

Finca Machinda

HUERTA

4 PLANO P. 88, D3

El respeto por el medio ambiente es la esencia de esta exitosa finca ecológica fundada en Tao, en el 2018, con el fin de proteger la tradición agraria de Lanzarote, recuperar semillas autóctonas y producir fruta y hortalizas para el público local (que ahora aparecen también en muchos restaurantes de la isla). Se puede explorar la finca en visitas guiadas con degustación de producto (15 €; reservar con antelación), o como parte de un paquete gastronómico (49 €) que incluye las Salinas de Janubio (p. 77) y la bodega Vega de Yuco (p. 90). (645 301 937; www.fincamachinda.com; c. Aniagua 11, Tao; solo visitas concertadas 16, 52, 53)

El Grifo

BODEGA

5 PLANO P. 88, C4

Fundada en el año 1775, esta galardonada bodega originaria de Canarias es, también, una de las más antiguas de España; su distintivo logo fue creado por César Manrique. En el evocador *wine bar* se puede probar una selección de sus vinos, antes de perderse entre las viñas y dedicarse a explorar el museo de la viticultura de los ss. XIX y XX. Ofrecen circuitos guiados diarios de 40 min (reserva recomendada). (928 524 036; www.elgrifo.com; ctra. LZ30, km 11;

Bodega El Tablero (p. 92)

San Bartolomé

Se cree que San Bartolomé, 7 km al noroeste de Arrecife al borde de la Lanzarote vitivinícola, nació como el importante asentamiento indígena de Ajei. En el s. XVIII acabó convirtiéndose en la base estratégica del gobernador militar Francisco Guerra Clavijo y Perdomo (el Mayor Guerra). Hoy en día es un pueblo tranquilo que abarca una plaza a la sombra de palmeras, varios edificios históricos (incluida la antigua casa del Mayor Guerra en la calle Serpiente), tiendas de productos locales y el curioso **Museo Etnográfico Tanit,** (928 802 549; www.museotanit.com; c. Constitución 1, San Bartolomé; adultos/niños 6 €/gratis; 10.00-14.00 lu-sa; 32), en una casona del s. XVIII.

visitas guiadas 15 €; 10.45-17.00 lu-vi, 10.15-14.30 sa; 32)

Bodega El Tablero — BODEGA

6 PLANO P. 88, A5

Las creaciones del viticultor Juan Antonio Suárez solo se pueden degustar aquí en su rústica bodega familiar, 2 km al noreste de Uga, con magníficas vistas al Timanfaya. La energía solar y eólica impulsa la elaboración de vinos que maridan tradición con innovación. Son perfectos acompañados de una tabla de queso de cabra artesano y mermelada casera de higo con canela, al sol de la terraza. (ctra. LZ30, km 2; catas copa 3 €; 11.00-18.00 lu-sa)

Bodega Rubicón — BODEGA

7 PLANO P. 88, A5

Bajo la sombra de enormes eucaliptos centenarios, 4,5 km al noreste de Uga, la famosa Bodega Rubicón se ubica en un cortijo del s. XVII que fue recuperado tras las erupciones de la década de 1730. Se ofrecen visitas guiadas (14 €) de 1 h, con reserva. Los vinos a degustar incluyen su premiado moscatel, y el restaurante presenta elegantes platos canarios (10-15 €). (928 173 708; www.bodegasrubicon.com; ctra. LZ30, km 5; catas copa 1,50-3 €; 10.00-20.00 lu-sa)

Vega Volcán — BODEGA

8 PLANO P. 88, B5

Esta pequeña bodega familiar, artesanal y ecológica empezó como un proyecto personal de Begoña y Alfredo. Ahora producen unas 2500 botellas de vino vegano al año extraídos de sus 2 Ha de viñas, 1 km al norte de La Asomada. También crean sus propios quesos de cabra, y la mayoría de la energía de la preciosa finca procede de fuentes renovables. Los visitantes pueden degustar un listán, malvasía, diego o moscatel alrededor de la piscina. (928 833 233; www.facebook.com/Begiartes; ctra. La Asomada 101; catas copa 1,50-3 €; 10.00-18.00 lu-sa; 34)

Los teleclubs de Lanzarote

Una de las imprescindibles especialidades de la gastronomía lanzaroteña son los animados teleclubs, donde la sencilla cocina tradicional hecha con cariño (y a buen precio) deleita al público conejero. Los teleclubs nacieron en la década de 1960 como centros sociales, y a día de hoy aún quedan unos 50 repartidos por la isla. La mayoría de los pueblos cuenta con su propio teleclub, aunque no todos sirven comida. Entre los más conocidos están:

Teleclub de Tao (928 820 795; c. Achimencey, Tao; raciones 6-10 €; 12.00-23.00; 16, 52, 53) Destacan las bandejas de pescado fresco, la cabra guisada, el queso ahumado a la plancha con mojo, y más.

Teleclub de Mozaga (628 983 409; www.facebook.com/teleclubdemozaga; c. Sancocho 61, Mozaga; raciones 6-12 €; 13.00-23.00 ma-do; 16, 52, 53) Ofrece exquisitas carnes, guisos canarios (como el típico caldo de millo), ricas tapas y bocadillos caseros, con un toque contemporáneo.

Teleclub de Mancha Blanca (c. Pico Partido, Mancha Blanca; raciones 4-9 €; 16.00-22.00 ma-ju, 16.00-24.00 vi, 12.00-24.00 sa, 12.00-22.00 do; 16, 52, 53) Aquí hay tentadoras raciones, como queso fresco con mermelada, croquetas de huevo con chorizo y pulpo a la plancha.

La Tegala, Haría (véase p. 125)

Casa-Museo del Campesino

CENTRO CULTURAL, ARQUITECTURA

9 PLANO P. 88, D4

Un vanguardista elogio a la dura labor de la población rural lanzaroteña durante generaciones, el **monumento a la Fecundidad** fue instalado en 1968 por César Manrique, 2 km al norte de San Bartolomé. A su lado, la **Casa-Museo del Campesino,** blanqueada y con ventanas de color verde, acoge talleres donde se pueden conocer artesanos locales, comprar sus creaciones e incluso probar una clase de cerámica, marroquinería, sombrerería y más. Mucha gente visita el espacio por su conocido restaurante (véase p. 96). (928 520 136; www.cactlanzarote.com; cruce de ctras. LZ20 y LZ30, Mozaga; gratis; 10.00-18.00; 16, 52, 53)

Bodega La Geria

BODEGA

10 PLANO P. 88, A5

La Bodega La Geria, establecida a finales del s. XIX, fue la primera de la isla en abrirse al enoturismo, y hoy es el epicentro de la Fiesta de la Vendimia cada agosto. Se pueden degustar vinos (incluyendo ecológicos) por copas en la barra del almacén repleto de barriles; se puede reservar con antelación una visita guiada de 45 min (9 €) y tomar unas tapas en la taberna (5-9 €). Se encuentra 4,5 km al noreste de Uga. (928 173 178; www.lageria.com; ctra. LZ30, Km 5; catas copa 1,50-4 €; 11.00-19.00, visitas guiadas 12.00 y 13.00)

Actividades y circuitos

Senderismo Lanzarote SENDERISMO

Empresa de filosofía verde especializada en divertidas rutas de senderismo que recorren La Geria y/o el Parque Natural de los Volcanes, incluidas una al atardecer, otra con clase de yoga y algunas en colaboración con la conocida Bodega La Geria. (690 053 282; https://senderismolanzarote.com; rutas guiadas 25-30 €)

Eco-Insider CIRCUITOS

Bajo la dirección de la ecologista Carmen Portella Ernest, este operador organiza visitas con catas a las bodegas de La Geria (59-75 €), rutas guiadas de senderismo por el centro y norte de la isla (42 €), y excursiones a la isla de La Graciosa y los islotes Alegranza y Montaña Clara en el Parque Natural del Archipiélago Chinijo (85 €; véase p. 129). (650 819 069; https://eco-insider.com)

Wine Tours Lanzarote CIRCUITOS

Este cordial equipo multilingüe de surfistas expertos en viticultura revela los secretos de los vinos lanzaroteños en fascinantes visitas guiadas de medio día a tres bodegas (se incluye transporte y cata de seis vinos; máximo ocho personas; se requiere reserva previa). Se descubren tanto los productores familiares independientes como las grandes bodegas famosas, y se hace hincapié en la importancia de eliminar los plásticos de un solo uso en el turismo. También organizan circuitos a fábricas de cerveza artesanal. (631 789 200; www.winetourslanzarote.com; visitas guiadas 49-59 €; 10.00 y 15.00)

Dónde comer

ALMA Tapas & + TAPAS, DE FUSIÓN €€

11 PLANO P. 88, C1

Razón sobrada para viajar hasta el pueblo costero de La Santa, este refugio gastronómico marca la cocina de mercado con su propio punto innovador e internacional. La carta trata con mimo el producto de temporada en originales creaciones para compartir, que incluyen delicias vegetarianas. No hay que pasar por alto el queso fundido con peras asadas, los huevos rotos reinterpretados y los canelones de osobuco, o las sugerencias del día. Los jueves hay menú degustación (23,50 €). Hay trato personal, perfectos vinos lanzaroteños y un encantador jardín. (828 180 504; www.facebook.com/almatapasymas; av. del Marinero 26, La Santa; raciones 8-14 €; 12.30-22.30 ma-do; 16, 52, 53)

El Chupadero

TAPAS, CANARIA €

12 PLANO P. 88, A5

Picotear bajo el sol en la terraza, entre los hipnotizadores viñedos volcánicos, resulta todo un ensueño de La Geria. Este local combina bar, restaurante y bodega en uno, y tienta al visitante con vinos de las bodegas cercanas y elegantes tapas sin demasiadas pretensiones (papas arrugadas, gambas al ajillo, salmón de Uga). Se halla escondido detrás de la conocida Bodega Rubicón, siguiendo una pista de tierra, y a menudo también hay música en directo por la noche. (928 177 365; ctra. LZ30, km 5; tapas 5-11 €; 13.00-23.00 mi-do)

Caserío de Mozaga

MEDITERRÁNEA €€

13 PLANO P. 88, D4

La ubicación es todo un encanto: en las antiguas cuadras de una maravillosa casa tradicional de finales del s. XVIII, actualmente reinventada como un tentador hotel rural en el pueblo de Mozaga (véase p. 133). A la mesa espera un desfile de sabores típicos canarios y producto fresco de tierra fusionados con influencias mediterráneas, como el salmón ahumado de Uga, los quesos lanzaroteños, el pescado de la lonja en salsa de marisco o las *tagliatelle* con setas. Para acompañar, los excepcionales vinos de El Grifo. (606 717 996; www.caseriodemozaga.com; c. Malva 8,

Bodega La Geria (p. 93)

PAVEL SZARO/SHUTTERSTOCK©

WONDERFUL NATURE/SHUTTERSTOCK ©

Casa-Museo del Campesino.

Mozaga; principales 12-20 €; 18.00-22.00 vi, 13.00-16.00 y 18.00-22.00 sa y do; 16, 52 y 53)

El Tenique

CANARIA €€

14 PLANO P. 88, C3

Un aperitivo de malvasía y queso fresco suele esperar en este local rústico y acogedor, especialista en carnes a la parrilla, situado junto a la carretera en Tiagua. Entre los exquisitos platos al grill destacan el solomillo al vino tinto, la pata de cabrito o el pollo fresco de corral, y cada día trae algún especial fuera de carta (estofado, garbanzas, cochinillo). Todo va rematado con clásicas raciones conejeras: queso con mermelada, pimientos rellenos de cherne, tortilla española, etc. (928 529 856; av. Guanaterme 100, Tiagua; principales 10-17 €; 11.00-23.00 lu-mi, vi y sa, 11.00-17.00 do; 16, 52, 53)

Casa-Museo del Campesino

CANARIA €€

15 PLANO P. 88, D4

La Casa-Museo del Campesino (p. 93) acoge hoy un agradable restaurante de aire campestre, de referencia por su fidelidad a las recetas de tradición, que se pueden degustar en una terraza al sol o en el cavernoso comedor interior. En el viaje por la gastronomía lanzaroteña, no hay que perderse clásicos como el estofado de cabra, los quesos artesanales, el sancocho de cherne y las torrijas, o los famosos platos de cuchara, incluido el caldo de millo. (928 520 136; www.cactlanzarote.com; cruce ctras. LZ20 y LZ30, Mozaga; tapas 4-8 €, principales 10-18 €; 12.00-16.00; 16, 52, 53)

Dónde beber

Malpeís CERVECERÍA

16 PLANO P. 88, B2

Entre las cervecerías independientes más triunfadoras de Lanzarote, Malpeís se inspira en los paisajes locales para sus innovadoras creaciones artesanales (2-3 €). Disfrutar una ligera y cítrica Jable, una intensa Bermeja o una Rofe afrutada en la terraza con vistas a Tinajo es un auténtico placer lanzaroteño. (690 958 420; www.malpeis.com; pza. de San Roque 3, Tinajo; 12.00-15.00 y 18.00-22.00 ju y vi, 12.00-16.00 sa; 16, 52, 53)

De compras

Quesería Flor de Luz QUESOS

17 PLANO P. 88, D5

Premiada quesería artesanal familiar que enfoca tanto lo tradicional como lo experimental, elaboran una gran variedad de quesos de cabra con interesantes coberturas (pimentón, pimienta negra, orégano de cosecha propia) e incluso un queso azul de inspiración norteña; todos se pueden comprar en la tienda de la granja a las afueras de San Bartolomé y, con antelación, se organizan degustaciones privadas. (681 643 544; camino Barranco, San Bartolomé; 9.00-15.00 lu-sa; 32)

Mercadillo de Mancha Blanca MERCADO

18 PLANO P. 88, B3

Los agricultores de la isla se congregan en un alegre mercado de fin de semana con puestos rebosantes de productos artesanales y ecológicos, junto a la ermita de los Dolores. (c. Virgen de los Dolores, Mancha Blanca; 9.00-14.00 do; 16, 52, 53)

La Molina PRODUCTOS GASTRONÓMICOS

19 PLANO P. 88, D4

La protegida molina del s. XIX de San Bartolomé fue cuidadosamente restaurada en el 2018, y ahora es la única de Lanzarote que elabora el gofio tradicional, molido a la piedra, al igual que sus harinas artesanales. Sus productos, presentados con arte en estilosos paquetes de papel, figuran en muchos menús de la isla y se pueden adquirir en la tienda, donde a menudo se ofrecen visitas guiadas, talleres y cursillos. (645 894 895; www.lamolinadelanzarote.com; c. Tenderete 20, San Bartolomé; 9.00-13.00 lu-vi; 32)

HERRERA
Y
ROJAS
100 m

Explorar

Teguise y La Caleta de Famara

Arraigado al corazón de la isla, Teguise, capital lanzaroteña hasta 1852, es uno de los pueblos más antiguos de las islas Canarias, un oasis patrimonial envuelto en siglos pasados. Al norte, La Caleta de Famara –salado pueblo pesquero donde César Manrique pasó los veranos de infancia y Pedro Almodóvar rodó escenas de Los abrazos rotos*– seduce con sus ardientes atardeceres, su insuperable surf, su sabor bohemio, sus casas encaladas y calles de arena, y una de las playas más hermosamente salvajes de la costa española, bajo el Risco de Famara.*

Lo esencial

- ***Teguise histórica (p. 100)*** *Un viaje por la historia de la isla en su evocadora capital original.*
- ***Playa de Famara (p. 103)*** *Perderse por este paraíso de arena dorada y atreverse con el surf.*
- ***Arte de la isla (p. 110)*** *Cerámica vanguardista, tejidos pintados a mano, moda lanzaroteña, etc.*
- ***LagOmar (p. 104)*** *Una maravilla de casa-cueva rodeada de leyenda, diseñada por César Manrique.*
- ***El Risco (p. 104)*** *Una de las propuestas gastronómicas más impresionantes de Canarias.*

Cómo llegar y desplazarse

Muchas líneas de autobús hacen parada en Teguise, incluyendo las nº 7, 9, 10, 26, 31, 52 y 53. Para el mercadillo del domingo, hay servicios especiales desde Costa Teguise (nº 11), Puerto del Carmen (nº 12), Playa Blanca (nº 13) y Arrecife (nº 14). Las líneas nº 20, 31 y 33 llegan a Famara.

Véase el plano en p. 102.

Teguise.
MEHDI33300/SHUTTERSTOCK©

Principales puntos de interés

Teguise, antigua capital

Rodeada por las áridas llanuras que dominan el centro de la isla, 12 km al norte de Arrecife, la romántica capital original de Lanzarote se extiende alrededor de una plaza centenaria y su restaurada iglesia del s. XV. El tranquilo centro histórico es un encanto, ideal para deambular, repleto de arquitectura tradicional, ventanales de madera verde, tremendos restaurantes y animados bares. Los domingos se organiza un enorme mercadillo.

PLANO P. 102, C5

https://teguise.es

Teguise

gratis

7, 9, 10, 26, 31, 52, 53

Historia

Originalmente un asentamiento indígena, Teguise prosperó a partir de 1418, cuando Maciot de Béthencourt (sobrino del explorador Jean de Béthencourt) se casó con la hija del caudillo del poblado (también llamada Teguise), y se construyeron una serie de edificios religiosos, civiles y militares. La prosperidad trajo consigo continuos ataques de piratas y corsarios, que culminaron en 1618 con un sangriento saqueo por las tropas berberiscas de Morato Arraez. Teguise se mantuvo como capital hasta 1852, cuando Arrecife ganó el título gracias a su dominio portuario.

Ruta por la villa

Protegido desde la década de 1980 como conjunto histórico-artístico, el casco antiguo de Teguise es un mundo de casas encaladas, empedradas calles peatonales y edificios que hablan de épocas pasadas. Partiendo de la plaza de la Constitución, la iglesia de Nuestra Señora de Guadalupe (p. 103) y la Casa-Museo del Timple (p. 103), al norte se encuentran la **ermita de la Vera Cruz** (c. Norte;), del s. XVII, y la calle de los Árboles, con sus centenarias acacias. Al este de la iglesia se ubica el **palacio Marqués de Herrera** (c. Marqués de Herrera), antigua casa de gobierno, y al sur el **convento de San Francisco** (☎928 314 989; c. San Francisco; ⌚9.30-16.30 ma-sa, 10.00-14.00 do), construido en 1590.

Mercadillo de Teguise

Lo que comenzó en 1982 como una reunión de 16 vendedores artesanales es hoy el **mercadillo** (http://mercadillodeteguise.com; ⌚9.00-14.00 do) más concurrido de la isla, con bailes populares en la plaza, bares y restaurantes que se desbordan, y cientos de puestos repartidos por el casco histórico que venden desde vinos, quesos, mermeladas y otros productos locales hasta preciosa cerámica lanzaroteña.

★ Consejos

- Debido al mercadillo, muchos negocios abren el domingo, pero cierran el sábado.
- Hay que llegar temprano para aparcar los domingos (o tomar el autobús al mercado).
- La mayoría de turistas se alojan cerca de la costa, pero Teguise es una intrigante alternativa, con alojamientos como el Hotel Palacio Ico (p. 133).
- Varios diseñadores de la isla tienen en Teguise sus talleres, que se pueden visitar y conocer.
- La oficina de turismo, en la plaza principal, ofrece planos delineando una ruta a pie por la villa.

✂ Una pausa

Cantina Teguise (p. 105) Cocina canaria-internacional en una casa de hace medio milenio.

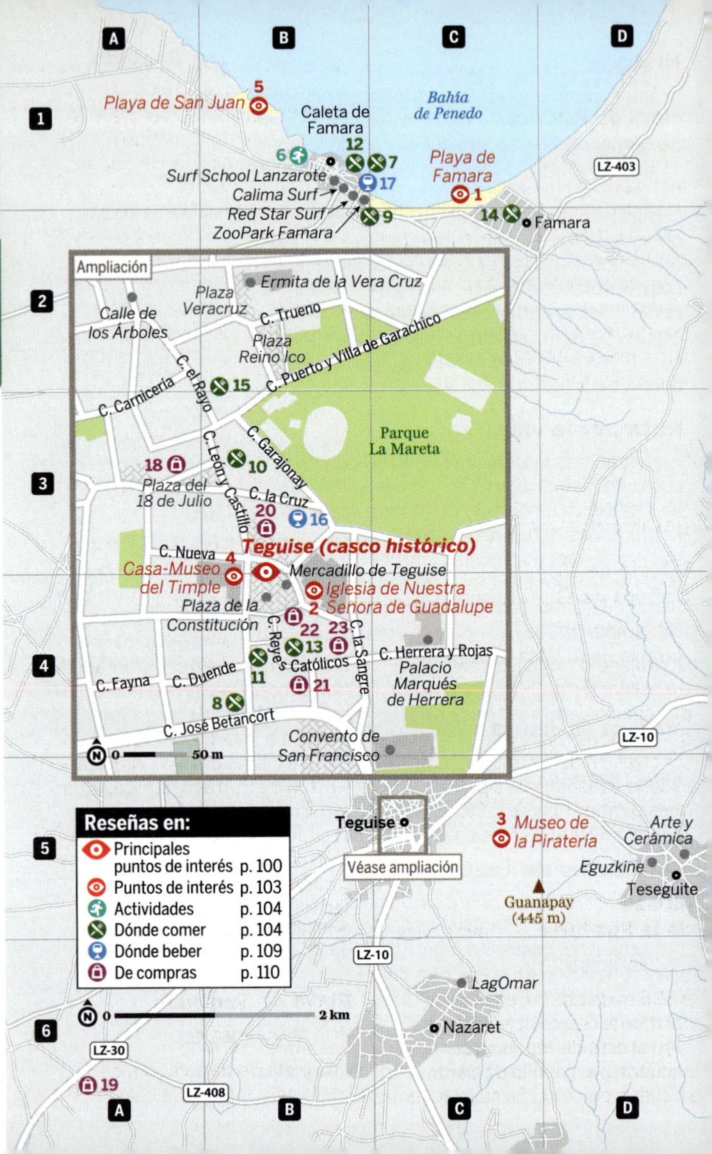
A
B
C
D
1
2
3
4
5
6
5 Playa de San Juan
Caleta de Famara
Bahía de Penedo
6
12
7
17
Surf School Lanzarote
Calima Surf
Red Star Surf
ZooPark Famara
9
Playa de Famara
1
14
Famara
LZ-403
Ampliación
Ermita de la Vera Cruz
Plaza Veracruz
Calle de los Árboles
C. Trueno
Plaza Reino Ico
C. Puerto y Villa de Garachico
C. el Rayo
15
C. Carnicería
Parque La Mareta
C. Garajonay
C. León y Castillo
18
10
Plaza del 18 de Julio
C. la Cruz
20
16
Teguise (casco histórico)
C. Nueva
4 Casa-Museo del Timple
Mercadillo de Teguise
Iglesia de Nuestra
2 Señora de Guadalupe
Plaza de la Constitución
C. Reyes Católicos
22
23
C. la Sangre
13
C. Herrera y Rojas
Palacio Marqués de Herrera
C. Fayna
C. Duende
11
21
8
C. José Betancort
Convento de San Francisco
0 50 m
LZ-10
Teguise
Véase ampliación
3 Museo de la Piratería
Arte y Cerámica
Eguzkine
Teseguite
Guanapay (445 m)
Reseñas en:
Principales puntos de interés p. 100
Puntos de interés p. 103
Actividades p. 104
Dónde comer p. 104
Dónde beber p. 109
De compras p. 110
0 2 km
LZ-10
LagOmar
Nazaret
LZ-30
19
LZ-408

Puntos de interés

Playa de Famara PLAYA

1 PLANO P. 102, C1

Indudablemente la playa más mágica de Lanzarote, esta salvaje, salada y dramática visión de arena dorada se extiende a lo largo de 5 km de litoral protegido al pie de los majestuosos acantilados volcánicos del Risco de Famara, donde los surfistas se enfrentan a algunas de las olas más impresionantes de las islas Canarias y la puesta de sol arde sobre la isla de La Graciosa en el horizonte. Al este, una serie de calitas bordean el pueblo hasta llegar a una pequeña piscina natural. (La Caleta de Famara; 20, 31, 33)

Iglesia de Nuestra Señora de Guadalupe IGLESIA

2 PLANO P. 102, B4

Guardiana de la plaza central, entre oscilantes palmeras, la iglesia de Teguise tiene sus raíces en el s. XV, aunque fue restaurada en el s. XX tras un desastroso incendio y el daño causado por siglos de ataques piratas. (pza. de la Constitución, Teguise; 9.00-13.30 lu-sa; 7, 9, 10, 26, 32, 52, 53)

Museo de la Piratería MUSEO, CASTILLO

3 PLANO P. 102, C5

A 396 m de altitud, en la cima del monte Guanapay (situado 1 km al este de Teguise), se encuentra el castillo de Santa Bárbara, del s. XVI. En su interior se esconde un excelente museo dedicado a la historia de la piratería en Lanzarote (resulta especialmente divertido para los más jóvenes), en el que se detallan los numerosos ataques que sufrió la isla a manos de piratas y corsarios europeos y africanos entre los ss. XV y XVIII (algunos de ellos involucrados en el negocio de esclavos). (https://museodelapirateria.com; monte Guanapay, Teguise; adultos/niños 3 €/gratis; 10.00-16.00; 7, 9, 10, 26, 32, 52, 53)

Casa-Museo del Timple MUSEO, ARQUITECTURA

4 PLANO P. 102, B4

Ubicado en el elegante Palacio Spínola, del s. XVIII, este entretenido museo gira en torno a este tradicional instrumento canario de cuerda, parecido al ukulele, que fue documentado por primera vez en las islas en el año 1792. Se narra su historia a lo largo de los años, entre exposiciones de timples y otros instrumentos parecidos repartidos por el mundo, como el sitar de la India. A veces también organizan conciertos. (www.casadeltimple.org; c. San Miguel, Teguise; adultos/niños 3 €/gratis; 8.00-17.00 lu-sa; 7, 9, 10, 26, 32, 52, 53)

Playa de San Juan PLAYA

5 PLANO P. 102, B1

Una pista de tierra conduce hasta esta reluciente cala

LagOmar

En el tranquilo pueblo encalado de Nazaret, 2 km al sur de Teguise, se esconde una de las casas privadas más misteriosas de Lanzarote, **LagOmar** (☎672 461 555; www.lag-o-mar.com; c. los Loros 2, Nazaret; adultos/niños 6/2 €; ⏰10.00-18.00; 🚌7, 9, 10, 52, 53). Diseñada por César Manrique y el arquitecto Jesús Soto, es un mágico mundo de cúpulas de fantasía, escaleras retorcidas, paredes blanqueadas, habitaciones-cueva y miradores secretos, tallado en la roca natural alrededor de una piscina que parece más una laguna. Aquí vivió un tiempo el actor egipcio Omar Sharif, antes de perder la casa (según cuenta la leyenda) en un juego de bridge. En su bar **La Cueva** (⏰18.30-2.00 ma-do), por la tarde-noche, se respira el ambiente de las increíbles fiestas de famosos que se celebraron entre estas paredes (entrada gratuita). También hay un **restaurante canario** (menú 30 €; ⏰12.00-23.30 ma-do), un pequeño museo y una serie de apartamentos.

tostada, escondida 1 km al noroeste de Famara y muy apreciada por los surfistas de la isla debido a su poderosa ola izquierda. (La Caleta de Famara; 🚌20, 31, 33)

Actividades

Yoga Lanzarote YOGA

6 PLANO P. 102,

Comenzar el día con *asanas* justo frente al Atlántico en la recóndita playa de San Juan de Famara es todo un lujo. También se ofrecen masajes ayurvédicos, sesiones de meditación y retiros de yoga. (☎633 039 544; www.yogalanzarote.es; av. el Marinero 128, La Caleta de Famara; clases/masajes 15/45 €; 🚌20, 31, 33)

Dónde comer

El Risco CANARIA €€

7 PLANO P. 102, C1

En una antigua casa de pescadores transformada por César Manrique (un mural suyo decora el salón), con una terraza mirando al Risco de Famara, se esconde una joya irresistible de la gastronomía lanzaroteña. El producto de kilómetro 0 domina la cocina canaria actualizada del chef Juan Jesús Perdomo, con inspiradas creaciones como la sandía de Soo aliñada, las gambas de La Santa con sal de Janubio, el cherne al grill con *hummus* de lentejas y el *risotto* de verduras al queso curado. Preguntar por las sugerencias del día. (☎928 528 550; www.restauranteelrisco.com; c. Montaña Clara 30, La Caleta de Famara; principales 12-20 €;

12.00-22.00 lu-sa, 12.00-17.00 do; 20, 31, 33)

Cantina Teguise INTERNACIONAL €€

8 PLANO P. 102, B4

Con plantas colgantes, vigas originales y acogedores saloncitos, esta casa teguiseña de 500 años de antigüedad respira un aire bohemio en su reencarnación como divino restaurante canario-internacional, regentado por los británicos Benn y Zoe Atkinson. Los vinos volcánicos y las cervezas artesanales de Lanzarote acompañan exquisitos platos a base de los mejores ingredientes locales, desde hamburguesas caseras (incluidas algunas vegetarianas) hasta suculentas raciones (croquetas de boletus, *carpaccio* de atún). (928 845 536; www.cantinateguise.com; c. León y Castillo 8, Teguise; principales 14-22 €; 13.00-22.00; 7, 9, 10, 26, 32, 52, 53)

La Mar Café INTERNACIONAL €€

9 PLANO P. 102, C2

Ideal tanto para la última copa de Bermejo por la noche como para descubrir las tendencias creativas de la cocina, este relajado bar-restaurante abrió a finales del 2019 bajo la vista de un energético equipo multicultural. Tras la puerta azul celeste y la terraza a pie de calle cuelgan columpios en los ventanales del divertido interior con vistas al Risco. La carta pasa por deliciosas hamburguesas, *wraps*, *woks* y *poké bowls* (espectacular el de tofu marinado, aguacate y piña), sin perder de vista clásicos como las papas

Cantina Teguise.

arrugadas. (☎828 181 218; www.lamarcafe.com; av. del Marinero 1, La Caleta de Famara; principales 8-14 €; ⏲12.30-22.30 ju-ma; 🚌20, 31, 33)

Ikarus

ESPAÑOLA **€€**

10 PLANO P. 102, B3

Revestido con llamativos interiores de rojo y naranja, apuesta por una refinada cocina con alma que gira alrededor de ingredientes frescos cultivados en Lanzarote, con guiños a la tradición culinaria canaria. Es imprescindible reservar para degustar, p. ej., las tablas de jamón ibérico y quesos de cabra de la isla, el conejo a la malvasía, el bacalao con papas de Los Valles, el *risotto* de verduras y langostinos, o los especiales del día. (☎928 845 701; pza. Clavijo y Fajardo 6, Teguise; principales 12-19 €; ⏲19.00-23.00 ma y mi, 13.00-16.00 y 19.00-23.00 ju-sa, 12.00-16.00 do; 🚌7, 9, 10, 26, 32, 52, 53)

Hespérides

ITALIANA, CANARIA **€€**

11 PLANO P. 102, B4

En este respetado local –una elegante casona del s. XVII con íntimos salones– se maridan a la perfección sabores italianos con productos superlativos de la isla. Se puede comenzar con una tabla de quesos canarios, seguido por *spaghettoni* con gambas y salmón de Uga o un secreto ibérico al gorgonzola. La selecta carta de vinos va cambiando, mientras que las excelentes opciones vegetarianas incluyen *tagliatelle* con champiñones y berenjenas a la *parmigiana*. (☎692 194 325; www.facebook.com/restaurantehesperides; c. León y

Museo de la Piratería (p. 103)

ISABELLA NOBLE©

Escuelas de surf

Con solo escuchar la palabra Famara se conjuran imágenes de olas espectaculares, y es que este es uno de los destinos de surf más reconocidos del país, con numerosas escuelas para todos los niveles. Una clase de grupo reducido de un día cuesta 55 €, y las clases privadas rondan los 80-100 €. La mayoría de las escuelas ofrecen también yoga (15 €), *kitesurf* (90-100 €, clase en grupo), *paddle* surf (60 €), alquiler de equipamiento y alojamiento en sociables *surf hostels*.

Surf School Lanzarote (☎ 686 004 909; https://surfschoollanzarote.com; c. el Callejón, La Caleta de Famara; cursillos de 1/3 días 55/159 €; 9.00-18.30; 🚌 20, 31, 33) Una de las escuelas originales y más respetadas de la isla.

ZooPark Famara (☎ 634 884 068; www.zooparkfamara.com; av. el Marinero 15, La Caleta de Famara; cursillos de 1/3 días 55/160 €; 9.00-20.00 may-sep, 9.00-18.00 oct-abr; 🚌 20, 31, 33) Bien establecida escuela que también enseña *kitesurf* (con calificación de la IKO), yoga y *skate*.

Calima Surf (☎ 626 913 369; https://calimasurf.com; av. el Marinero 13, La Caleta de Famara; cursillos de 1/3 días 55/160 €; 8.30-13.00 y 16.00-20.00; 🚌 20, 31, 33) Organizado y popular operador multilingüe, con clases diarias, yoga, *kitesurf* y *paddle* surf.

Red Star Surf (☎ 928 528 808; www.redstarsurf.com; av. el Marinero 9, La Caleta de Famara; cursillos de 1/3 días 55/160 €; 9.00-19.00; 🚌 20, 31, 33) Recomendable para surf, *kitesurf*, *paddle* surf y yoga.

Castillo 3, Teguise; principales 13-18 €; 13.00-16.00 y 20.00-22.00 lu y ju-vi, 13.00-17.00 ma, 12.30-16.00 y 19.00-22.00 do; 🚌 7, 9, 10, 26, 32, 52, 53)

Restaurante Sol
CANARIA **€€**

12 PLANO P. 102, B1

La soleada terraza situada en primera línea de playa, con la isla Graciosa y el Risco de Famara al fondo, apetece tanto como la excelente carta a base de productos tradicionales. La cocina, conejera con cariño, se centra en el pescado fresco a la plancha, las sopas marineras, los quesos artesanos, los arroces para compartir y las ensaladas repletas de verduras de cercanía. También hay vinos de Lanzarote, postres caseros y menú infantil. (☎ 928 528 788; www.restaurantesolfamara.com; c. Montaña Clara 48, La Caleta de Famara; principales 10-20 €; 12.00-22.00 lu-sa, 12.00-21.30 do; 🚌 20, 31, 33)

Pintxos Shop
PINCHOS **€**

13 PLANO P. 102, B4

La barra se desborda con imaginativas mini delicias que cambian con frecuencia en esta esquinita de la villa, donde un vermut o una malvasía se sirven de la mano de cuidados pinchos de rollito vietnamita, de tortilla de toda la vida, de setas al pesto con paletilla ibérica, de cecina y huevo de codorniz y de otras maravillas. (☎696 900 740; www.facebook.com/pintxosshop; c. Matrimonio Duque Abreut 4, Teguise; pinchos 3 €; ⏲16.00-22.00 vi y sa, 10.30-20.00 do; 🚌7, 9, 10, 26, 32, 52, 53)

Dunas de Famara CANARIA €€

14 PLANO P. 102, C2

El dinámico equipo gastronómico de El Risco (p. 104) gestiona este vanguardista local de diseño, decorado con espejos, macetas de cactus y una fabulosa terraza abierta a la Famara natural. El producto de cercanía imbuye los creativos platos, que se inspiran en la cocina de tierras lejanas como Galicia y el este de Asia, incluyendo, p. ej., *bao* de cochino negro, arroz de carabineros o *sashimi* de atún y mango. La carta de vinos cuenta con deliciosos caldos de Canarias y de la península (Priorat, Rías Baixas, Ribeiro). (☎679 727 856; https://restaurantedunasdefamara.com; c. Chirimoya 13, La Caleta de Famara; principales 10-20 €; ⏲13.00-22.00 lu y ju-sa, 13.00-20.00 do; 🚌20, 31, 33)

Hotel Palacio Ico CANARIA €€

15 PLANO P. 102, B2

Esta exquisita casa-palacio del s. XVII, actualmente transformada en elegante hotel-*boutique* (p. 133), prepara un elaborado

Playa de Famara (p. 103)

VAFLYA/SHUTTERSTOCK©

menú que celebra los más tentadores sabores y los ingredientes locales. Figuran las ensaladas de kilómetro 0, el salmón ahumado de Uga, las gambas de La Santa, el cherne local y los quesos de la Finca de Uga (p. 78), todo en un estiloso salón con techos artesonados y obras de conocidos artistas de la isla. (☎ 928 594 942; https://hotelpalacioico.com; c. el Rayo 2, Teguise; menú degustación 35 €; ⏲ 19.00-22.00; 🚌 7, 9, 10, 26, 32, 52, 53)

Dónde beber

La Palmera

BAR

16 PLANO P. 102, B3

Mesas al sol, música en directo, eventos culturales y un cavernoso interior pintado de rojo animan el ambiente en la divertida 'palmerita', especialmente los domingos de mercadillo. Ofrece deliciosas tapas y raciones –quesos de la isla, salmón de Uga, tortilla casera (6-12 €)–, además de cafés, vinos locales y bocadillos elaborados al momento. (www.facebook.com/palmeritateguise; c. Garajonay 4, Teguise; ⏲ 10.00-22.30; 🚌 7, 9, 10, 26, 32, 52, 53)

El Chiringuito

BAR

17 PLANO P. 102, B2

Tomarse una cervecita, una sangría casera o una copa de Bermejo o Vega de Yuco a pie de calle con arena entre los pies constituye un 'momento Famara' totalmente inolvidable. Ofrecen buenas raciones de calamares saharianos, papas arrugadas, tortilla, pescado

Restaurante Sol (p. 107)

ISABELLA NOBLE©

del día a la plancha y más (6-10 €) en este local favorito, donde se relajan tanto los surfistas como los visitantes. (www.facebook.com/palmeritateguise; c. Garajonay 4, La Caleta de Famara; 11.00-22.00; 20, 31, 33)

De compras

La Lonja
ARTESANÍA

18 PLANO P. 102, A3

Vinculada a la Fundación César Manrique (p. 32), esta deliciosa *boutique* dedicada al arte y a la artesanía presenta bolsos y libretas hechas y pintadas a mano en la isla y piezas de la colección de la fundación inspiradas por el trabajo del gran Manrique (desde tazas hasta recreaciones de sus cuadros). (pza. Clavijo y Fajardo 4, Teguise; 10.00-14.00 lu-vi y do; 7, 9, 10, 26, 32, 52, 53)

Quesería El Faro
QUESOS

19 PLANO P. 102, A6

En manos de la familia ganadera Viña Melián desde el 2017, esta estrella del queso canario fue fundada hace medio siglo por un matrimonio teguiseño. Sus premiados quesos de cabra artesanales (ahumado, fresco o curado y con coberturas como gofio y pimentón) se elaboran respetando métodos tradicionales y trabajando con su propio ganado. Además, colabora con otros ganaderos de la isla. (www.queseriaelafaro.es; ctra. Teguise-Mozaga, km 4; 8.00-15.00 lu-sa)

La Chata Sabores de Lanzarote
PRODUCTOS GASTRONÓMICOS

20 PLANO P. 102, B3

Un templo dedicado al producto canario en la plaza principal teguiseña: sal de Janubio, mojos y mermeladas, cervezas artesanales, quesos de pequeños elaboradores, vinos volcánicos y más. (www.facebook.com/lachatalanzarote; pza. de la Constitución 7, Teguise; 10.00-14.00 y 16.00-19.00 lu-vi, 10.00-14.00 do; 7, 9, 10, 26, 32, 52, 53)

María Cao
MODA

21 PLANO P. 102, B4

La diseñadora suiza María Cao, uno de los nombres más prestigiosos dentro del mundo de la moda canaria, tiene su atelier desde hace años en una plaza escondida de la villa. Sus colecciones se conocen por su importante enfoque sostenible y su estilo minimalista, inspirado en la isla y la ropa tradicional lanzaroteña, todo creado usando tintes vegetales y tejidos naturales (lino, seda). (www.mariacao.com; pza. San Francisco, Teguise; horario variable; 7, 9, 10, 26, 32, 52, 53)

Artesanía Lanzaroteña
ARTESANÍA

22 PLANO P. 102, B4

Una casona típica canaria situada junto a la iglesia de Teguise acoge una preciosa colección de piezas artesanales: jabones naturales de Mamá Pepa (véase p. 83), productos de belleza de aloe local, cerá-

Cerámica en Teseguite

Rodeado de campo fértil donde se cultivan cebollas, cereales, viñas y más, el pequeño y sosegado pueblo de Teseguite, 3 km al este de Teguise, alberga una ermita del s. XVII con techo mudéjar y retablo barroco, y otros edificios típicos de la arquitectura canaria. También se conoce por sus dos talleres de cerámica artesanal. La ceramista **Eguzkine Zerain** (667 890 791; https://eguzkine.com; av. Acorán 9, Teseguite; 10.30-17.30; 7, 9) es conocida por sus piezas revolucionarias de barro o porcelana esmaltada, inspiradas en la cerámica tradicional canaria (colabora con varios hoteles de diseño); con cita previa, se puede visitar su casa-taller e incluso hacer un *workshop* (165 €) de 3 h. A unos 400 m, los artistas alemanes Anneliese Guttenberger y Stefan Schultz presentan sus creaciones en **Arte y Cerámica** (928 845 650; www.arte-ceramica.gallery; av. Acorán 43-45, Teseguite; 11.00-17.00 lu-vi; g7, 9;), una colorida finca de 200 años.

mica al estilo lanzaroteño, velas de arena volcánica, bolsos pintados a mano, cojines con estampados de cactus, etc. (pza. de la Constitución 12, Teguise; 10.00-15.00 lu-do; 7, 9, 10, 26, 32, 52, 53)

Quesos, vinos y más La Villa

PRODUCTOS GASTRONÓMICOS

23 PLANO P. 102, B4

Ofrece mojos canarios, mermeladas caseras, cervezas artesanales, cosmética de aloe vera, quesos de productores familiares conejeros, vinos de la isla, etc. Y para quienes duden y no sepan por qué decidirse, también hay cestas con diversos productos cuidadosamente preparadas. (c. Reyes Católicos 7, Teguise; 10.00-16.00 lu-vi y do; 7, 9, 10, 26, 32, 52, 53)

Explorar

Haría y norte de Lanzarote

Playas solitarias, piscinas naturales, vistas panorámicas y hermosos pueblos tradicionales esperan entre los alucinantes campos de lava, las costas acantiladas y la pura naturaleza salvaje del norte. Los pueblos de Arrieta, Punta Mujeres y Órzola enamoran con su aire marinero, mientras que Haría fue el refugio final del gran visionario César Manrique. En la abandonada punta noreste de la isla, el Malpaís de la Corona, se esconden, bajo tierra, dos de las obras más exquisitas: los Jameos del Agua y la Cueva de los Verdes.

Lo esencial

- ***Casa-Museo César Manrique (p. 114)*** *Pasear por la mágica antigua finca donde Manrique pasó sus últimos años.*
- ***Jameos del Agua (p. 116)*** *Una de las obras maestras de Manrique, tallada en la naturaleza.*
- ***Arrieta (p. 122)*** *Saborear la cocina canaria en una playa perfecta para el surf.*
- ***Punta Mujeres (p. 123)*** *Escaparse a las deliciosas piscinas atlánticas.*
- ***Haría (p. 118)*** *Conocer el bucólico pueblo del Valle de las Mil Palmeras y su riqueza artesanal.*

Cómo llegar y desplazarse

Las líneas de autobús nº 7 y 26 conectan Arrieta, Punta Mujeres y Haría con Arrecife, Tahíche y Teguise (la nº 26 continúa hasta Yé). La nº 9 viaja entre Arrecife y Órzola, incluyendo parada en Teguise, Arrieta, Punta Mujeres y los Jameos del Agua.

Véase el plano en p. 120.

Haría.

Principales puntos de interés

Casa-Museo César Manrique

La extraordinaria casa del palmeral de Haría, donde Manrique creó su hogar final, es una de las mayores atracciones de Lanzarote. Congelada en el tiempo, la personal finca aún retiene la ropa del artista en el armario y su colección de arte, y desvela su cara más humana en una asombrosa reinvención de la arquitectura tradicional rural. Manrique vivió aquí desde 1988 hasta 1992, cuando falleció en accidente de tráfico en Tahíche a los 73 años.

PLANO P. 120, A4

928 843 138; https://fcmanrique.org

c. Elvira Sánchez 30, Haría

adultos/niños 10/1 €

10.30-18.00

7, 26

Historia

En busca de un retiro privado y tranquilo, Manrique comenzó a transformar una antigua vivienda de labranza en ruinas en 1986, pero no fue este proyecto una simple restauración. Aquí, en una pacífica finca agrícola en el suroeste de Haría, la naturaleza y la arquitectura tradicional se fusionan en una única creación vanguardista que reinterpreta las edificaciones típicas rurales de la isla. Como en todas sus obras, la situación natural contribuye en gran parte a la magia artística. La casa, que acoge salón, cocina, dos dormitorios y varios baños, repleta de libros, cuadros, esculturas, fotografías y más, comenzó a recibir al público en el 2013.

La casa

La Casa-Museo abre la puerta a una íntima y conmovedora interpretación de la vida y el trabajo de Manrique. Se accede por patios de paredes blancas, explosiones de buganvilla y toques agrarios, tras los que esperan elegantes espacios dotados de piezas artesanales y pertenencias del artista. Aunque la decoración pueda parecer modesta comparada con la insuperable belleza de su previa casa en Tahíche (véase p. 32), el genio aquí está en el detalle: desde los baños, llenos de espejos, enormes ventanales y jardines interiores, hasta la piscina color aguamarina (curiosamente, para Manrique, lineal) y el salón con su chimenea tradicional y colección de cerámica canaria.

El taller

Sin duda, la estrella de la Casa-Museo es el sereno estudio de Manrique, donde el artista, sin distracciones del mundo exterior, pasó gran parte de sus últimos años. Semihundido en la arena bajo las palmeras, se conserva exactamente como en el día de su muerte, con obras inacabadas aún *in situ*, tubos de pintura a la espera y monos recubiertos de pintura rociados.

★ Consejos

- Merece la pena adquirir la entrada conjunta (15 €) con la Fundación Cesar Manrique en Tahíche (p. 32).
- Los sábados de mercadillo la casa suele estar muy concurrida; se recomienda visitarla en otro momento para disfrutarla en tranquilidad.
- La taquilla deja de vender entradas 30 min antes del cierre.
- Algunas de las mesas y lámparas de la casa fueron diseñadas por el propio Manrique.

Una pausa

La Tegala (p. 125) para platos al estilo canario tradicional en uno de los teleclubs más conocidos de la isla; **Tacande** (p. 124) para deleitarse con una aventura de fusión.

Principales puntos de interés

Jameos del Agua

La primera 'intervención' de César Manrique, creada en la década de 1960, representa una de sus obras maestras: una fantasía volcánica que respira creatividad, belleza y naturaleza, instalada en un tubo tallado hace miles de años por la lava ardiente en la salvaje costa noreste de la isla. La harmonía entre la fuerza de la naturaleza y el delicado arte humano, constituye la clave de la filosofía simbiótica de este visionario que creó siempre en conjunción con el entorno natural.

PLANO P. 120, D3

901 200 300; www.cactlanzarote.com

carretera LZ1

adultos/niños 10/5 €

10.00-17.00

9

Historia

Entre los paisajes desolados del Malpaís de la Corona, la actividad prehistórica del volcán de la Corona (p. 123) creó una serie de tubos subterráneos, conocidos como jameos. A medida que la lava se deslizaba hacia el mar, las capas superiores se enfriaban, formando una especie de techo, bajo el cual el magma líquido seguía rugiendo hasta extinguirse. Aquí, el océano consiguió entrar en la cueva, creando la alucinante laguna turquesa que espera en la gruta situada en el corazón de los Jameos del Agua, donde ahora viven los endémicos cangrejos ciegos (en peligro de extinción). En algunas partes de la cueva incluso se desplomó el techo, dejándola expuesta a los elementos.

La intervención de Manrique

Manrique tuvo la ingeniosa idea en la década de 1960 de instalar bares, restaurantes y jardines alrededor del lago y, en los niveles superiores, una piscina-laguna de hormigón blanqueado rodeada de palmeras (ahora puramente decorativa, aunque hasta la década de 1970 se usaba para el baño). En 1978 se añadió una sala de conciertos para 600 personas. Los helechos gigantes, los reflejos del agua y los eternamente cambiantes colores del cielo realzan la magia de un espacio incomparable, que se explora a través de un serpenteante camino de piedra.

Conciertos, gastronomía y detalles

A menudo se organizan eventos de gastronomía con música en directo por la noche, las Noches de Jameos, que incluyen cena en el Jameo Chico (menús 55-65 €, con opción para veganos) e incluso una pista de baile con DJ.

La exclusiva visita guiada Insólita (adultos/niños 35/17,50 €) conduce al visitante por la parte inferior del escenario del auditorio hasta el silencioso Jameo de la Cazuela (normalmente cerrado al público), con sus dos cataratas, y termina con una degustación de vino y tapas de la isla.

★ Consejos

- El CACT Lanzarote ofrece una serie de bonos que combinan los monumentos más importantes de la isla, incluidos los Jameos del Agua; el bono de seis centros cuesta 35/17,50 € para adultos/niños.
- Al tener muchas escaleras, el monumento no está adaptado a visitantes con movilidad reducida.
- Se recomienda visitarlo antes de las 11.00 o después de las 15.00, para reducir la espera y disfrutar esta maravilla en tranquilidad.

Una pausa

Jameos del Agua tiene dos pintorescas **cafeterías** donde saborear tapas canarias (3-8 €) con vinos de la isla o tomarse un café. O seguir por la costa hasta la **Casa de la Playa** (p. 124) en Arrieta.

Circuito a pie

Día de mercadillo por Haría

Considerado el pueblo más bonito del mundo por el escritor canario Alberto Vázquez-Figueroa, Haría descansa en el corazón del frondoso Valle de las Mil Palmeras. En los ss. XVII y XVIII se plantaban aquí palmeras para celebrar cada nacimiento; más tarde este oasis norteño se convirtió en destino de balneario. No hay mejor momento para disfrutar las delicias de su casco histórico que un sábado de mercadillo.

Datos

Inicio Ermita de San Juan

Final Cestería Eulogio

Duración 1,5 km; 2 h

❶ Ermita de San Juan

Fundada a principios del s. XVII, esta pequeña **ermita** (c. San Juan 31; horario variable; 🚌7, 26) solo suele quedar abierta alrededor de la fiesta de San Juan, en junio, celebrada en Haría desde el s. XVI, con hogueras, fuegos artificiales, conciertos y un espectáculo de Diabletes.

❷ Iglesia de Nuestra Señora de la Encarnación

La elegante **iglesia** (pza. León y Castillo; horario variable; 🚌7, 26) de Haría data de 1619, aunque su torre y reloj son una adición de principios del s. XX. Fue restaurada en la década de 1960 tras una desastrosa tormenta.

❸ Mercadillo de Haría

Cada sábado, a la sombra de enormes eucaliptos, la avenida peatonal central de Haría se transforma en un **mercadillo** (pza. León y Castillo; 🕓10.00-14.30 sa; 🚌7, 26), uno de los más divertidos de Lanzarote, repleto de productos y artesanía local, como joyería hecha a mano, cuadros inspirados en la isla, cosmética de aloe vera, sales de Janubio, fruta y verdura ecológica, jabones naturales y mucho más.

❹ La Tegala

Ubicado en la plaza principal, el centro sociocultural de Haría es una parada esencial por su típica cocina canaria sin pretensiones, o para un café y un bocadillo a primera hora (véase p. 125).

❺ Mercado Municipal de Abastos

Unos 200 m al oeste de la plaza de la Constitución y del ayuntamiento, y decorado con llamativos murales por el artista conejero Alex Dorta, el único **mercado de abastos** (c. Barranco de Tesnesia; 🕓9.00-15.00 ma-sa; 🚌7, 26) de la isla cuenta con pescadería, carnicería, frutería, floristería, pastelería, un buen bar de tapeo (p. 126) y una biotienda llena de productos típicos (gofio de La Molina, vinos Bermejo, miel de Haría). Al lado se encuentra el Taller Municipal de Artesanía.

❻ Casa-Museo César Manrique

Una finca bajo esbeltas palmeras, en la punta suroeste del pueblo, fue donde el hijo favorito de la isla hizo su hogar definitivo (véase p. 114).

❼ Cestería Eulogio

El maestro de la cestería de pírgano (el nervio central de la hoja de palmera), Eulogio Concepción Perdomo, es conocido por su gran trabajo para conservar las tradiciones artesanas de Lanzarote. Tiene su **taller-tienda** (📞928 835 272; c. Elvira Sánchez 36; horario variable; 🚌7, 26) junto a la Casa-Museo César Manrique, aunque sus creaciones se pueden ver en muchos destinos de la isla.

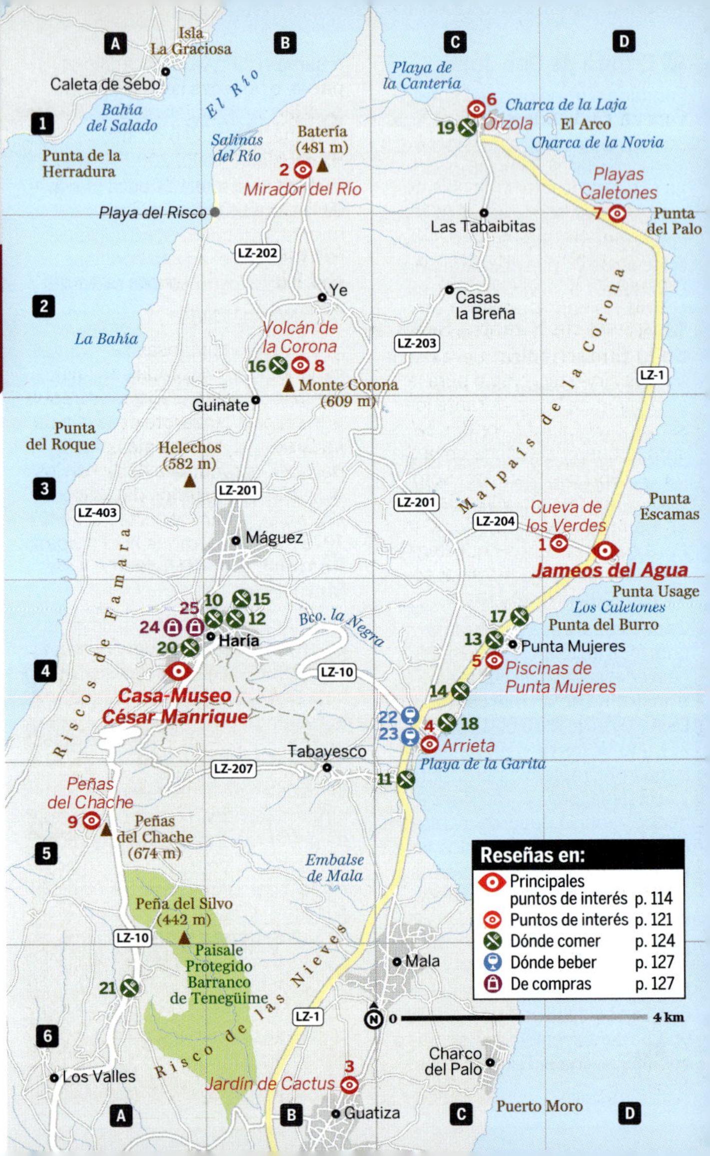
A
B
C
D
1
2
3
4
5
6
Isla La Graciosa
Caleta de Sebo
Bahía del Salado
El Río
Punta de la Herradura
Salinas del Río
Batería (481 m)
2 Mirador del Río
Playa de la Cantería
6 Charca de la Laja
19 Órzola
El Arco
Charca de la Novia
Playas Caletones
7
Punta del Palo
Playa del Risco
Las Tabaibitas
LZ-202
Ye
Casas la Breña
La Bahía
Volcán de la Corona
16 8
Monte Corona (609 m)
LZ-203
LZ-1
Malpaís de la Corona
Guinate
Punta del Roque
Helechos (582 m)
LZ-201
LZ-403
LZ-204
Cueva de los Verdes
1
Jameos del Agua
Punta Escamas
Punta Usage
Los Caletones
Máguez
Riscos de Famara
25
24
10
15
12
20
Haría
Bco. la Negra
17
Punta del Burro
13
Punta Mujeres
5 Piscinas de Punta Mujeres
LZ-10
14
Casa-Museo César Manrique
22
23
4
18
Arrieta
Playa de la Garita
Tabayesco
LZ-207
11
Peñas del Chache
9
Peñas del Chache (674 m)
Embalse de Mala
Reseñas en:
Principales puntos de interés p. 114
Puntos de interés p. 121
Dónde comer p. 124
Dónde beber p. 127
De compras p. 127
Peña del Silvo (442 m)
LZ-10
Paisale Protegido Barranco de Tenegüime
Risco de las Nieves
Mala
21
LZ-1
N
0
4 km
Charco del Palo
Los Valles
3
Jardín de Cactus
Guatiza
Puerto Moro

Puntos de interés

Cueva de los Verdes

CUEVA

1 PLANO P. 120, D3

La segunda joya del Malpaís de la Corona se halla 1 km al norte de los Jameos del Agua (p. 116) y, de hecho, forma parte del mismo tubo volcánico, cuyos casi 7 km continúan bajo el océano como el Túnel de la Atlántida. Creada hace 5000 años, la mítica cueva de los Verdes sirvió de refugio para la población de la isla durante los ss. XVI y XVII. La ruta por dos salas subterráneas, diseñada en la década de 1960 por Jesús del Soto, recorre 1 km de maravillas de la lava, en visitas comentadas de 50 min. Para evitar colas, hay que llegar a partir de las 15.00 (no se aceptan reservas). Ojo, la cueva tiene un par de pequeñas secciones que podrían ser difíciles para visitantes con claustrofobia o problemas de espalda. (901 200 300; www.cactlanzarote.com; LZ1; adultos/niños 10/5 €; 10.00-16.00; 9)

Mirador del Río

MIRADOR, ARQUITECTURA

2 PLANO P. 120, B1

Las vistas vertiginosas se extienden por cascadas de lava congelada hasta El Río, el estrecho que separa Lanzarote de la isla de La Graciosa, desde esta batería del s. XIX escondida a 475 m en los acantilados norteños del Risco de Famara, 2 km al norte de Yé. En 1973, César Manrique la reimaginó –en una sutil fusión de arte y na-

Cueva de los Verdes.

TOMAS CZAJKOWSKI/SHUTTERSTOCK©

EDDY GALEOTTI/SHUTTERSTOCK©

Mirador del Río.

turaleza–como un espectacular y cavernoso mirador, con interiores blanqueados, una elegante cafetería e instalaciones artísticas como arañas que cuelgan del techo. Los fabulosos panoramas se aprecian también desde la ctra. LZ202 al suroeste del Mirador. (☎901 200 300; www.cactlanzarote.com; adultos/niños 5/2,50 €; ⏲10.00-17.00; 🚌26)

Jardín de Cactus JARDÍN

3 PLANO P. 120, B6

Se dice que la última gran intervención de César Manrique, creada en 1991, fue también su obra favorita. Rodeado de plantaciones de tuneras de cochinilla, el Jardín de Cactus transforma las áridas pendientes volcánicas de una antigua *rofera* (cantera) en una ingeniosa obra de arte natural: un enorme jardín botánico donde esperan 4500 plantas de 450 variedades de cactus de todo el mundo, desde Canarias hasta Australia, todo bajo la vista de un molino de gofio del s. XIX. La terraza ofrece vinos y tapas (5-8 €) en un ambiente mágico, y hay una tienda de artesanía. (☎901 200 300; www.cactlanzarote.com; Guatiza; adultos/niños 6,50/3,25 €; ⏲10.00-17.00; 🚌7, 9)

Arrieta PUEBLO

4 PLANO P. 120, C4

El pequeño y poco turístico pueblo marinero de Arrieta, 6 km al este de Haría, constituye todo un rincón destacado de la costa lanzaroteña, con casas encaladas arraigadas a las arenas doradas de la **playa de la Garita** (con buen surf) y un desfile de excelentes restaurantes de pescado (véase p. 124). (Arrieta; 🚌7, 9, 26)

Piscinas de Punta Mujeres

PISCINA, PLAYA

5 PLANO P. 120, C4

Uno de los chapuzones más mágicos de la isla, estas piscinas naturales, con aguas brillantes, turquesas y saladas, quedan repartidas a lo largo de la costa del tranquilo pueblo pesquero de Punta Mujeres, 2 km al noreste de Arrieta; hay escaleras para sumergirse y zonas para tomar el sol. La principal está frente al Bar La Piscina (p. 125). (Punta Mujeres; gratis; 🚌7, 9, 26)

Órzola

PUEBLO

6 PLANO P. 120, C1

Para muchos una simple parada de camino a la isla de La Graciosa (véase p. 128), el pueblo más norteño de Lanzarote tiene un encanto tranquilo, con buenos restaurantes de pescado en el puerto, fabulosos paisajes de acantilados volcánicos y preciosos trozos de arena como la salvaje **playa de la Cantería,** 1 km al oeste (famosa por su surf, aunque no se aconseja el baño). (Órzola; 🚌9)

Playas Caletones

PLAYA

7 PLANO P. 120, D1

Una belleza natural e indomable satura la serie de sosegadas calas de arena escondidas al sureste de Órzola (con aparcamiento en la ctra. LZ1). Sus protegidas y poco profundas aguas turquesas podrían ser lagunas naturales, rodeadas de costa rocosa y vegetación volcánica, lo que las hace populares para quienes viajan en familia. (ctra. LZ1, Órzola; 🚌9)

Senderismo norteño

La franja septentrional de la isla esconde una serie de sorprendentes rutas a pie que revelan silenciosos paisajes desiertos entre vistas panorámicas elevadas. Destacan el Camino de los Gracioseros a la playa del Risco (véase p. 124), la subida al volcán de la Corona desde Yé (véase p. 123), el GR131 de larga distancia (pasando por Órzola, Máguez y Haría) y caminar hacia el sur por la costa desde Arrieta, atravesando Los Cocoteros y Charco del Palo (20 km, 5 h hasta Costa Teguise).

Volcán de la Corona

MONTAÑA, SENDERISMO

8 PLANO P. 120, B2

Con 611 m de altitud, el volcán de la Corona domina el horizonte y la aldea de Yé, que se extiende a sus pies. Aunque hoy aparenta completa tranquilidad (está extinguido), fue su tremenda actividad prehistórica la que creó los famosos jameos del norte de Lanzarote. Un sendero de 3 km (1 h) parte del lado este de la iglesia de Yé y sube hasta el borde del volcán. (ctra. LZ201, Yé; 26)

Peñas del Chache

MIRADOR

9 PLANO P. 120, A5

Por la empinada y serpenteante ctra. LZ10 se llega al punto más alto de la isla, a 670 m de altitud, que se encuentra 6 km al suroeste de Haría de camino hacia Los Valles. Con poca contaminación lumínica, espectaculares paisajes abiertos y privilegiadas vistas en todas direcciones, es una zona conocida para la observación de estrellas. El sendero GR131 pasa por aquí en su recorrido hacia el sur. (ctra. LZ10)

Dónde comer

Tacande

DE FUSIÓN €€€

10 PLANO P. 120, B4

Lámparas de cestería, suelos de azulejos y un frondoso jardín vertical crean un ambiente contemporáneo en el innovador Tacande, con el chef Víctor Betancort a los fogones. Influencias marroquíes, peruanas y asiáticas imbuyen su audaz cocina de fusión, en la que reluce el producto de kilómetro 0: *carpaccio* de gamba roja, ensalada de aguacate a la brasa, arroz verde con chipirones, costillas de ternera, etc. Incluso los mojos se reinventan (aguacate y miel, picante peruano) y hay cócteles de autor y vinos volcánicos D'Celso, de su propia bodega. (928 835 117; www.facebook.com/tacanderestaurante; pza. León y Castillo, Haría; principales 16-25 €; 13.00-22.00 ju-do; 16, 52, 53)

Playa del Risco

Una de las playas más salvajes de Lanzarote se agarra a la punta noroeste de isla, al pie del Risco de Famara, con la isla de La Graciosa y el archipiélago Chinijo brillando al horizonte. Llegar a esta seductora y desierta curva dorada de arena es pura aventura: solo se puede acceder por barco o por el empinado y pedregoso Camino de los Gracioseros, un sendero de unos 4 km (1 h) en cada dirección, que comienza al norte de la Finca La Corona, 1 km al oeste de Yé. Una vez allí, se respira nada más que naturaleza, mar y silencio.

Casa de la Playa

CANARIA €€

11 PLANO P. 120, C5

Con su cocina canaria, su ambiente rústico-marinero y su terraza de ensueño al borde de la playa de la Garita, la Casa de la Playa cautiva a comensales de toda la isla. Enormes ensaladas frescas y deleitosas raciones de gambas al ajillo y queso a la plancha con mermelada dan paso a parrilladas de pescado y paellas de marisco para dos, o quizá un pescado del día a la plancha (con papas y mojo). Siempre está concurrido, especialmente los fines de semana soleados. (928 173 339; playa de la Garita, Arrieta; principales 9-17 €; 10.00-22.00; 7, 9, 26)

La Tegala

CANARIA, TAPAS €

12 PLANO P. 120, B4

Las típicas recetas familiares triunfan en el ambientado centro sociocultural de Haría, ya apetezca una tapa en el bar informal o un menú completo en el comedor de paredes rojas, vigas originales y fotos de la Lanzarote de antaño. Tientan los platos de cuchara (caldo de millo, garbanzada), los postres caseros, las riquísimas carnes como la cabra estofada y las raciones tradicionales como los quesos del país y las papas arrugadas. Hay bocadillos y cafés por la mañana. (696 900 652; pza. León y Castillo, Haría; raciones 4-14 €; 9.00-23.00 ju-ma; 7, 26)

Bar La Piscina (Bar Pichón)

TAPAS €

13 PLANO P. 120, C4

Se admiran las tentadoras piscinas naturales de Punta Mujeres (p. 123) desde este favorito, donde la tortilla casera (con queso y pimientos, jamón y chorizo) se sirve en enormes rodajas, las tapas marineras marcan el producto de temporada (croquetas, salpicón, churros de pescado) y el pescado del día se sirve a la plancha con papas arrugadas y ensalada, todo en un diminuto salón o en la terraza a pie de calle. Originales acuarelas decoran la barra, y abre temprano para los desayunos. (c. Virgen del Pino 41, Punta Mujeres; tapas y raciones 3-10 €; 8.00-21.00; 7, 9, 26)

El Lago

CANARIA €€

14 PLANO P. 120, C4

Toques marinos, columnas de piedra y plantas de interior decoran el comedor de este referente entre Arrieta y Punta Mujeres. Las especialidades son los arroces caseros y el pescado fresco del día, con papas y ensalada, pero también lucen las raciones como el queso a la plancha con mojo y batata, y los bocados típicos de Lanzarote (lapas, morena, cherne). Como complemento, vinos de la isla y una terraza con vistas al mar. (928 848 176; c. Caleta de Campo 27, Arrieta; principales 10-17 €; 10.00-22.00; 7, 9, 26)

La Puerta Verde

DE FUSIÓN €€

15 PLANO P. 120, B4

Un destino en sí (se recomienda reservar) en el precioso pueblo de Manrique, La Puerta Verde apuesta por una cocina creativa a base de productos frescos de cercanía. De la mano del chef Alfonso Rojo, los sabores canarios e internacionales se fusionan en platos tan originales como el *risotto* de jamón y setas, el entrecot con puré trufado y las texturas de gofio; para vegetarianos, el *tabulé* marroquí o el *wok* de verduras de kilómetro 0. (928 835 350; www.facebook.com/puertaverdeharia; c. Fajardo 24, Haría; principales 15-19 €; 13.00-22.00 do-vi, 12.00-22.00 sa; 7, 26)

Restaurante Volcán de La Corona

CANARIA, ASADOR €€

16 PLANO P. 120, B2

Las suculentas carnes a la brasa y a la parrilla son el sello de este respetado negocio familiar al pie del gran volcán norteño, con plantas colgantes, suelos de terracota y escenario rústico. No hay que perderse el solomillo de toro, las hamburguesas del monte o el chuletón gallego. Los vinos proceden tanto de Lanzarote como de la península. Se recomienda reservar. (678 181 456; c. Malpaís 8, Yé; principales 10-20 €; 12.00-21.00 ma-ju y do, 12.00-22.0 vi y sa; 26)

Tahoyo

CANARIA €€

17 PLANO P. 120, C4

En una recóndita calle de Punta Mujeres, este restaurante acogedor celebra los sabores de la isla en exquisitos platos de raíces tradicionales y producto fresco, acompañados de perfecta lista de vinos locales. De picoteo destacan el queso asado y las croquetas caseras, mientras que otras propuestas incluyen cabra estofada, conejo frito y dorada fresca. Fotos de Lanzarote en épocas pasadas cuelgan en el espacioso salón. (608 855 499; c. Pared del Agua 14, Punta Mujeres; raciones 4-9 €, principales 10-15 €; 12.00-16.00 y 19.00-22.00 ma-sa, 12.00-16.00 do; 7, 9, 26)

Amanecer

CANARIA €

18 PLANO P. 120, C4

La carta repleta de delicias del mar revela la pesca del día en un cálido restaurante familiar junto al Atlántico, revestido de blanco y azul y con una envidiable terraza desde la que se oyen las olas. Junto con el pescado fresco de la isla de La Graciosa a la parrilla, aparecen maravillosas raciones de pimientos de Padrón, gambas al ajillo, queso frito con mermelada de higo y tortilla hecha al momento. (928 179 213; c. la Garita 46, Arrieta; principales 5-14 €; 12.00-21.00; 7, 9, 26)

La Maresía

CANARIA €€

19 PLANO P. 120, C1

Destacando entre los restaurantes pesqueros de Órzola, marida los sabores e ingredientes frescos del mar con innovadores puntos de creatividad, una elegante presentación y trato personal. Los chips de morena se sirven en platos de sombreras tradicionales, el tartar de atún viene con flores comestibles y los postres caseros incluyen tarta de calabaza; de principal, el pescado del día a la parrilla o un magnífico arroz caldoso. (928 842 516; www.facebook.com/lamaresialanzarote; c. la Quemadita 18, Órzola; principales 10-19 €; 12.00-21.00 lu-sa, 12.00-18.00 do; 9)

El Mercado

TAPAS €

20 PLANO P. 120, A4

El informal y acogedor bar de tapas del mercado de abastos de Haría (p. 119) deleita al comensal conejero con clásicos sabores rústicos y caseros: croquetas de pescado, tortilla al punto, pollo asado, papas arrugadas, etc. Se desborda los sábados de mercadillo. (928 835 828; c. el Barranco 4, Haría; tapas 2-4 €; 9.00-16.00 lu-sa; 7, 26)

Mirador de Los Valles CANARIA €€

21 PLANO P. 120, A6

Casona tradicional, 7 km al noreste de Teguise camino a Haría, con privilegiadas vistas en el pueblo de Los Valles. Su carta destaca por sus sabrosas carnes, como el estofado de cabra y el entrecot al grill; también figuran ensaladas de rulo de cabra, croquetas caseras y tablas de quesos de la isla. Se puede acompañar con una botella de malvasía. (928 528 114; c. Celemín 21, Los Valles; principales 10-15 €; 11.00-19.00; 10, 52)

Dónde beber

El Chiringuito BAR

22 PLANO P. 120, C4

Junto a la playa de Arrieta espera un acogedor chiringuito sin pretensiones tan querido por sus vinos de la D.O. Lanzarote y mojitos frescos como por su sencilla carta de tapas caseras, hamburguesas, raciones de paella y pescado fresco (platos 4-14 €), en una desenfadada terraza abierta a la brisa atlántica. (playa de la Garita, Arrieta; 10.30-20.00; 7, 9, 26)

Bar SamRise BAR

23 PLANO P. 120, C4

En esta furgoneta VW decorada con murales marinos se preparan, según muchos lanzaroteños, los mejores mojitos de la isla. Es una parada clásica del norte. (playa de la Garita, Arrieta; 16.30-20.00 lu-vi, 15.00-22.00 sa y do; 7, 9, 26)

KATH WATSON/SHUTTERSTOCK©

Playa Caletones y Órzola.

De compras

Casa Canaria PRODUCTOS GASTRONÓMICOS

24 PLANO P. 120, A4

Los sabores del archipiélago reinan en una tienda-bodega que ofrece vinos de la D.O. Lanzarote, cervezas artesanales locales y típicos productos de la isla. (www.facebook.com/casakanaria; c. la Hoya 4, Haría; 10.00-19.00; 7, 26)

Mayeh ARTESANÍA

25 PLANO P. 120, A4

Un fascinante taller artesano especializado en piezas de cuero hechas a mano: bolsos, cinturones, mochilas... (pza. León y Castillo 2, Haría; 10.00-14.00; 7, 26)

Merece la pena

La Graciosa

La única isla habitada del archipiélago Chinijo, al norte de Lanzarote, es la hermosa La Graciosa, que solo lleva poblada desde 1867 (originalmente por siete familias) y se convirtió oficialmente en la octava isla canaria en el 2018. Con sus playas de ensueño bañadas por las olas turquesas del Atlántico, sus paisajes volcánicos desiertos, su increíble surf, sus largas tradiciones y su encantadora capital, Caleta de Sebo, la isla parece un mundo aparte.

www.visitlagraciosa.com

Líneas Romero (www.lineasromero.com) y Biosfera Express (www.biosferaexpress.com) coordinan salidas aprox. cada hora entre Órzola y la isla de La Graciosa (25 min) desde el amanecer hasta el atardecer (adultos/niños ida y vuelta 26/13 €)

Caleta de Sebo

La mayoría de los 750 habitantes de la isla viven en la tranquila y pintoresca aldea de Caleta de Sebo, donde los barcos de Órzola atracan; allí esperan animados restaurantes de pescado. Deambulando por sus calles de arena se descubren la **iglesia de Nuestra Señora del Carmen** (c. García Escámez; horario variable), del s. XX, y el pequeño **Museo Chinijo** (c. Maragoma 27, Caleta de Sebo; gratis; 10.00-17.00 lu-sa).

Playas y senderos de La Graciosa

Para explorar los 28 km^2 de la isla de La Graciosa, con sus cinco cumbres volcánicas y playas vírgenes, lo mejor es caminar o alquilar una bicicleta; los operadores de Caleta de Sebo abren de 10.00 a 18.30 y cobran 10/30 € por día para bicicletas solo de pedales/eléctricas. Se puede llegar en bici hasta la playa de las Conchas, en el norte de la isla, en 30 min (6 km; se desaconseja el baño por sus peligrosas corrientes). Al sur de Caleta de Sebo esperan la playa del Salado y, más allá, la playa Francesa (3 km, 30 min a pie), ambas tranquilas. También hay senderos a la Montaña Amarilla y la Montaña de las Agujas. Quien no quiera caminar ni pedalear, puede tomar un taxi todoterreno desde el puerto.

El archipiélago Chinijo

Junto con el Risco de Famara, las cinco islas Chinijas (y sus aguas) han sido parque natural desde 1986. Los islotes deshabitados de Montaña Clara, Alegranza, Roque del Este y Roque del Oeste (sin acceso para visitantes) se conocen por su riqueza de aves y en los alrededores se pueden avistar delfines, tortugas y otros animales marinos. La mejor forma de descubrir este espacio protegido es con la excursión "Islas Remotas" de Eco-Insider (p. 94), que permite observar (no pisar) Alegranza y Montaña Clara. El punto de información del parque está en Caleta de Sebo (horario variable).

★ Consejos

- Hay que llevar suficiente agua, y respetar el medio ambiente de este espacio frágil.
- Merece la pena quedarse una noche (o varias) para disfrutar la tranquilidad de la isla de La Graciosa. Aparte de algunos alquileres vacacionales privados, hay un par de pensiones en Caleta de Sebo (véase p. 129), y una zona de acampada en la playa del Salado (hay que reservar plaza con antelación: www.reservasparquesnacionales.es).

Una pausa

Casa Margucha (Restaurante Girasol) (av. Virgen del Mar 99, Caleta de Sebo; raciones 8-25 €; 9.00-23.00) es ideal para tomar raciones canarias con vistas al Risco de Famara. Otra opción es perderse por las calles de Caleta de Sebo hasta encontrar **El Marinero** (c. García Escámez 14; raciones 5-10 €; 12.00-16.00 y 20.00-23.30 ma-do), un favorito para tapear cerca de la iglesia.

Guía práctica

Antes de partir 132

Reservas 132
Cuándo ir 132

Cómo llegar 134

Aeropuerto de Lanzarote-César Manrique 134
Puerto de los Mármoles 135

Cómo desplazarse 135

Autobús 135
Automóvil y motocicleta 135
Taxi 135
Bicicleta 135
Barco 136

Información esencial 136

Descuentos 136
Dinero 136
Electricidad 137
Fiestas oficiales 137
Horario comercial 137
Información turística 137
Precauciones 138
Teléfono 138
Urgencias 138
Viajeros con discapacidades 138
Visados 138

Carretera a los volcanes de Timanfaya.

Antes de partir

Reservas

Webs útiles

Airbnb (www.airbnb.es) Alquiler de apartamentos y casas.

Booking.com (www.booking.com) Desde alquileres privados hasta hoteles de cinco estrellas.

Canary Essence (https://canaryessence.com) Cuidada selección de hoteles y apartamentos de diseño.

Lonely Planet (www.lonelyplanet.es/alojamientos) Recomendaciones y reservas.

The Suites (www.thesuitesresidences.com) Casas privadas únicas de estilo *boutique*.

Económico

Surf hostels en Famara y La Santa Entre los alojamientos más asequibles y divertidos, incluidos Kalufa Surf House (www.kalufasurfschool.com) y Red Star Surf (www.redstarsurf.com).

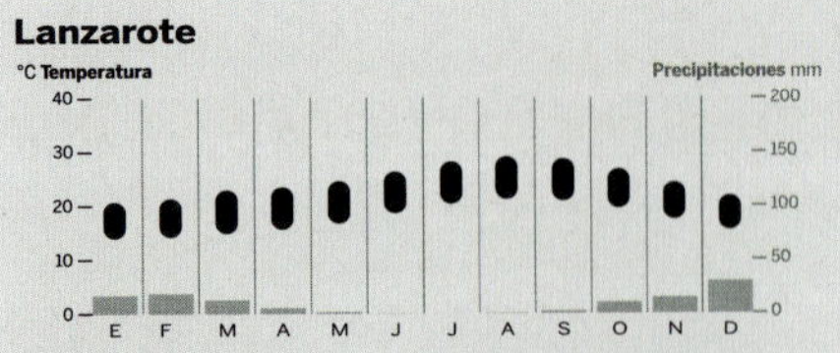

Cuándo ir

Invierno (dic-feb) Temporada alta en Canarias (reservar con antelación), con deliciosas temperaturas de 20-25°C. Carnaval en febrero.

Primavera (mar-may) Meses más tranquilos y menos ajetreados (aparte de Semana Santa). Las temperaturas rondan los 22°C.

Verano (jun-ago) La segunda temporada alta cae en julio y agosto, con temperaturas de 28°C. Demasiado calor para hacer senderismo hasta mediados de septiembre.

Otoño (sep-nov) Temporada perfecta con buen clima y sin aglomeraciones. Fiesta de Nuestra Señora de los Volcanes en septiembre.

Finca La Florida (www.hotelfincalaflorida.com) Tranquila casona con una excelente relación calidad-precio, además de piscina, en la zona de vinos.

Hotelito del Golfo (www.hotelitodelgolfo.com) Encantador hotel rural familiar de cinco habitaciones y piscina, en El Golfo.

Pensión Enriqueta (☎ 928 842 051) La popular original de la isla de La Graciosa; restaurante canario, habitaciones rústicas y trato familiar.

Casitas de Tabayesco (www.casitastabayesco.com) Pequeña casa del norte con un toque bohemio y espectaculares vistas.

Pensión Magec (www.pensionmagec.com) Céntrico, sencillo y familiar, a buen precio y con terraza, en Puerto del Carmen.

Precio medio

Finca de Arrieta (www.lanzarotere treats.com) Estilosas yurtas, cabinas y casitas a un paso de la playa, con filosofía sostenible y piscina-laguna.

Caserío de Mozaga (https://caseriodemo zaga.com) Casona del s. XVIII, elegantemente restaurada y con buen restaurante, en el corazón de la isla.

Finca Malvasía (www.fincamalvasia.com) Preciosos miniapartamentos inspirados por Manrique, alrededor de una piscina entre las viñas de Masdache.

Bungalows Playa Famara (www.bungalowsplayafa mara.com) Junto a las arenas de Famara, con divinas vistas y opciones tanto sencillas como de diseño.

Casa de Hilario (www.casadehilario.com) Antigua finca reinventada con arte, piscina y jardines, en Yaiza. La bella cercana Casona de Yaiza, del s. XIX, es del mismo equipo (https://casonadeyaiza.com).

Casa El Morro (https://casael morro.com) Retiro sostenible entre jardines y piscina en Uga, enfocado a los amantes del yoga y el ayurveda.

Evita Beach (www.evitabeach.club) Suites y apartamentos junto a la playa en Caleta de Sebo, en la isla de La Graciosa.

Hotel Lancelot Playa (www.hotellancelot.com) Recomendable opción contemporánea en Arrecife, frente a la playa del Reducto.

Precio alto

Álava Suites (https://alavasuites.com) Divino rincón de diseño en Costa Teguise, con desayunos de ensueño, estudio de yoga y ambiente romántico.

Buenavista Lanzarote (www.buena vistalanzarote.es) Exquisito elogio a la artesanía local y la obra de Manrique, al borde de La Geria (desayunos perfectos).

Hotel Palacio Ico (http://hotelpala cioico.com) Bella casa-palacio de 1690 reinterpretada como seductora escapada tipo *boutique* en el corazón de Teguise.

Hotel Fariones (www.pyhotelsandresorts.com) El hotel original de la isla, renovado en el 2020 como cinco estrellas, con sabor *boutique*, en Puerto del Carmen.

La Isla y El Mar (www.laislayelmar.com) Galardonado cinco estrellas sostenible de Puerto del Carmen, inspirado en Lanzarote y con una asombrosa gastronomía.

Meliá Salinas (www.melia.com) Hotel de lujo de Costa Teguise, delicadamente reformado en el 2020; los jardines interiores y los murales son obra de Manrique.

Lani's Suites (www.lanissuites.com) Un maravilloso escondite *boutique*, con piscina y restaurante junto a la playa en Puerto del Carmen; muchas habitaciones tienen *jacuzzi*.

Princesa Yaiza (www.pyhotelsandresorts.com) Suntuoso hotel de cinco estrellas en Playa Blanca, con una

Dónde alojarse en Lanzarote

Aunque se tarda poco más de 1 h en conducir de un extremo de la isla al otro, merece la pena considerar bien en qué zona alojarse. Playa Blanca y la parte sur de Lanzarote disfrutan del mejor clima y también de la belleza del Papagayo, mientras que el norte tiene un carácter más natural, menos visitantes y pueblos encantadores. La Geria y sus alrededores albergan varios hoteles maravillosamente originales, y la villa de Teguise resulta una serena alternativa a la costa. Puerto del Carmen es la zona más turística, aunque tiene algunos hoteles muy destacables; Costa Teguise es algo más tranquila, con playas preciosas y animados deportes acuáticos. Para los amantes del surf, Famara, con sus albergues y divertido ambiente, es irresistible.

lujosa gastronomía, elegante diseño y un sinfín de instalaciones.

Barceló Teguise Beach (www.barcelo.com) Refinado cuatro estrellas para adultos, con un guiño a la arquitectura tradicional, en Costa Teguise.

Apartamentos y casas para estancias cortas

Lanzarote Retreats (www.lanzaroteretreats.com) Muy recomendables casas y apartamentos en el norte y centro de la isla, con toques de diseño y máximo respeto por el medio ambiente.

Nautilus Lanzarote (www.nautilus-lanzarote.com) El arte imbuye el corazón de esta original colección de apartamentos sostenibles (algunos adaptados para personas con movilidad reducida), en Matagorda.

Rural Villas (www.rural-villas.com) Casas rurales y villas con personalidad en el norte de la isla de Lanzarote.

Villas Kamezí (www.villaskamezi.com) Lujo con piscina privada en Playa Blanca y una reputada gastronomía (véase p. 67).

Cómo llegar

Aeropuerto de Lanzarote-César Manrique

Autobús (☎928 811 522; www.arrecifebus.com) La línea nº 23 viaja entre el aeropuerto y la estación de guaguas de Arrecife (c. Rambla Medular; 1,40 €, 30 min) cada hora entre 7.00 y 22.00; las paradas incluyen Playa Honda, Intercambiador y Charco de San Ginés. La nº 161 va desde el aeropuerto hasta Playa Blanca (3,30 €, 1 h) aprox. cada hora entre 7.30 y 21.30 de lunes a viernes (8.00 a 22.200 fines de semana); hace parada en Puerto del Carmen (1,40 €), Puerto Calero (1,80 €) y Yaiza (1,90 €); la última vuelta desde Playa Blanca es a las

22.25 (22.55 fines de semana).

Taxi (✆630 207 305; www.lanzarotetaxi.com) Desde el aeropuerto cuesta aprox, 15 € a Arrecife, 22 € a Puerto del Carmen y 45 € a Playa Blanca.

Puerto de los Mármoles

Autobús La línea nº3 a Arrecife (1,40 €, 10 min) pasa cerca del puerto de los Mármoles.

Cómo desplazarse

Autobús

IntercityBus Lanzarote (✆928 811 522; www.arrecifebus.com) tiene líneas a la mayoría de los destinos importantes de la isla, sin incluir el Parque Nacional de Timanfaya y La Geria. El billete sencillo cuesta entre 1,40 y 3,60 € y se puede adquirir directamente en el autobús (guagua en Canarias) en efectivo. Los bonos están pensados para residentes (no visitantes).

Las rutas más útiles para los visitantes incluyen las líneas nº 5, 6 y 161 para el sur de la isla, nº 7 y 9 para el norte da la isla, nº 1 y 3 para Costa Teguise, nº 16 para el centro de la isla, y nº 20, 31 y 33 para Famara. Casi todas las líneas hacen parada en la estación de guaguas de Arrecife y muchas también en Teguise. Consultar horarios actualizados en la web.

Automóvil y motocicleta

Lo mejor para conocer la isla de manera independiente es alquilar un coche o una motocicleta. Las mejores ofertas suelen ser con operadores locales; **Cicar** (✆928 822 900; www.cicar.com) y **Plus Car** (✆928 827 055; www.pluscar-lanzarote.com) son buenas opciones, ofreciendo coches desde 25 € por día con seguro incluido. También hay oficinas de compañías internacionales en la isla, como Hertz (www.hertz.com) y Europcar (www.europcar.com). Hay que reservar lo antes posible.

Taxi

Existen paradas de taxi en todos los pueblos de la isla (además del aeropuerto) o bien se pueden solicitar por **teléfono** (✆630 207 305; www.lanzarotetaxi.com), con un suplemento de 0,50 €, o pararlos en la calle. La bajada de bandera cuesta 2,40 € (3,05 € por la noche) y el precio mínimo fuera de Arrecife es de 3,15 € (3,45 € por la noche), con tarifa de 0,63 € por kilómetro. Para ir al aeropuerto existe un suplemento de 1,70-1,90 €; cuesta, p. ej., unos 15 € a Arrecife, 22 € a Puerto del Carmen y 45 € a Playa Blanca.

Bicicleta

Lanzarote invita al ciclismo, ya sea tranquilamente por el paseo marítimo o una ruta desafiante de montaña. Todos los pueblos turísticos tienen agencias de alquiler, con precios desde 10 € por día para una bicicleta sencilla y gran variedad de opciones (incluidas eléctricas).

Consejos para ahorrar dinero

- Comprar los bonos de CACT Lanzarote y la Fundación César Manrique (véase p. 32).
- Comer en los teleclubs (véase p. 93) y los bares de tapas, o aprovechar los menús del día.
- Trasladarse en autobús y explorar la isla a través de sus senderos.
- Reservar el alojamiento lo antes posible; a menudo hay ofertas online, especialmente para los hoteles de precio alto.

Muchos operadores también ofrecen rutas guiadas. Buenas opciones son **Tribike** (www.tribike.es) en Costa Teguise, **Papagayo Bike** (www.papagayobike.com) en Playa Blanca, y **Renner Bikes** (www.lanzarotebikehire.com), **Free Motion** (www.free-motion.com), **ProAction** (www.proactionbikerent.com) y **Bike Sensations** (www.bikesensations.com) en Puerto del Carmen.

Barco

La única manera de llegar hasta la isla de La Graciosa (p. 128) es en barco, con salidas cada hora desde Órzola en el norte de la isla con **Líneas Romero** (www.lineasromero.com) o **Biosfera Express** (www.biosferaexpress.com); el viaje tarda 30 min y el billete ida y vuelta cuesta adultos/niños 26/13 €. También existen excursiones en barco a la Punta del Papagayo (p. 62) y al archipiélago Chinijo (p. 129).

Desde Playa Blanca salen varios ferris diarios a Corralejo en Fuerteventura (véase p. 70), con Líneas Romero, **Naviera Armas** (www.navieraarmas.com) y **Fred Olsen** (www.fredolsen.es).

Información esencial

Descuentos

La mayoría de los monumentos de Lanzarote ofrecen descuentos para los residentes canarios, los niños (o gratuidad para los más pequeños) y los visitantes con discapacidad.

Fundación César Manrique Ofrece un bono combinado (15 €) con la Casa-Museo en Haría (https://fcmanrique.org).

CACT Lanzarote Existen bonos con diversas combinaciones para Jameos del Agua, Parque Nacional de Timanfaya, MIAC, Cueva de los Verdes, Jardín de Cactus y Mirador del Río (www.cactlanzarote.com; adultos/niños tres centros 23,50/11,75 €, cuatro centros 29/14,50 €, seis centros 35/17,50 €). Se pueden adquirir en la taquilla de cualquier centro y son válidos durante 14 días.

Dinero

- **Moneda** Euro (€).
- **Cajeros automáticos** Los hay en Arrecife y todos los pueblos; suelen cobrar una comisión a reintegros efectuados con tarjetas extranjeras.
- **Efectivo** Los bancos y las cajas de ahorros

Precios de los restaurantes

Precio de un plato principal:

Económico	€	hasta 12 €
Precio medio	€€	12-20 €
Precio alto	€€€	desde 20 €

ofrecen las mejores tarifas; quizá haya que presentar el DNI o el pasaporte.

- **Tarjetas de crédito y débito** Casi todos los hoteles, restaurantes, bares, tiendas y taxis las aceptan; los autobuses solo aceptan pago en efectivo, con billetes de máximo 10 €.

Electricidad

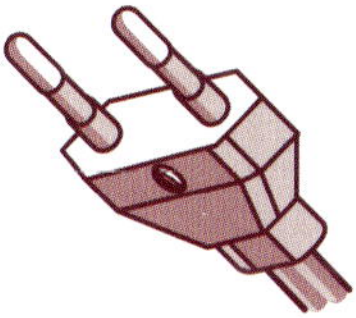

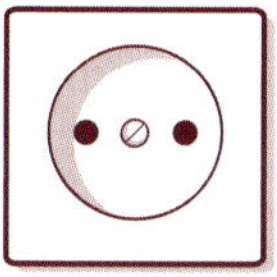

230V/50Hz

Fiestas oficiales

Muchas tiendas cierran y los lugares de interés suelen reducir sus horarios los siguientes días:

Año Nuevo 1 de enero

Reyes Magos 6 de enero

Jueves Santo marzo/abril

Viernes Santo marzo/abril

Día del Trabajo 1 de mayo

Día de Canarias 30 de mayo

Corpus Christi mayo/junio (9º jueves después de Pascua)

Fiesta de la Asunción 15 de agosto

Nuestra Señora de los Volcanes 15 de septiembre

Día de la Hispanidad 12 de octubre

Día de Todos los Santos 1 noviembre

Día de la Constitución 6 de diciembre

Fiesta de la Inmaculada Concepción 8 de diciembre

Navidad 25 de diciembre

Horario comercial

Si no se indica lo contrario, el habitual es el siguiente:

Bancos 9.00-14.00 lu-vi

Oficinas de correos 8.30-20.30 lu-vi, 9.00-13.00 sa. La oficina principal está en la calle Caldera de Taburiente 2 de Arrecife.

Restaurantes 12.30-16.00 y 19.00-23.00

Tiendas 10.00-14.00 y 16.30-19.30 o 17.00-20.00

Información turística

Turismo Lanzarote (☎ 928 811 762; www.turismolanzarote.com) Las oficinas principales son:

Arrecife (☎ 928 802 884; www.arrecife.es; av. la Marina 7; ⏲ 9.00-14.00 y 17.00-21.00) También en el puerto.

Teguise (☎ 928 845 398; https://turismoteguise.com; pl. de la Constitución; ⏲ 9.00-14.00)

Costa Teguise (☎928 592 542; https://turismoteguise.com; av. Islas Canarias; ⌚9.00-16.30 lu-vi, 9.00-14.30 sa y do)

Puerto del Carmen (☎928 510 542; www.puertodelcarmen.com; av. de las Playas; ⌚10.00-18.00)

Playa Blanca (☎928 518 150; c. Varadero 3; ⌚9.00-19.0 oct-jun, 9.00-20.00 may-sep)

Aeropuerto (☎928 820 704; terminal 1; ⌚8.00-21.00)

Precauciones

Aunque pueden ocurrir pequeños delitos y robos como en cualquier otro destino europeo, Lanzarote es una isla tranquila. Es importante ir con cuidado al bañarse en las playas.

Teléfono

Móviles

Antes de viajar, confirmar con el operador de móvil propio los gastos y las posibles restricciones de uso internacional. Algunas tiendas venden tarjetas SIM locales que se pueden utilizar en teléfonos móviles desbloqueados.

Prefijos

Acceso internacional ☎00

España ☎34

Urgencias

Emergencias ☎112

Información ☎012

Policía local ☎092

Viajeros con discapacidades

Accesibilidad Consúltese la página de **Predif** (Plataforma Representativa Estatal de Personas con Discapacidad Física; www.predif.org).

Transporte Todos los autobuses públicos están adaptados con rampa. Para personas con necesidades especiales, **Canary Shuttle** (https://canaryshuttle.com) ofrece traslados en microbús adaptado. También existen **taxis adaptados** (☎630 207 305; www.lanzarotetaxi.com); hay que reservarlos con antelación.

Alojamiento La mayoría de los hoteles medios y de cuatro o cinco estrellas tienen habitaciones y servicios adaptados; Nautilus Lanzarote (p. 134) es una opción destacada.

Monumentos CACT Lanzarote está trabajando para hacer cada vez más accesibles los centros turísticos de César Manrique (incluyendo autobuses adaptados para el Parque Nacional de Timanfaya) y ofrece un descuento del 30% a visitantes con discapacidad. Los dos monumentos de la Fundación César Manrique son accesibles en parte para visitantes con movilidad reducida.

Visados

Países de la UE y del espacio Schengen No se necesita visado.

Reino Unido, EE UU, México y otros países que no requieren visado para la UE A partir del 1 de enero del 2022 se necesita una pre-autorización ETIAS para visitas turísticas y de negocio de hasta 90 días (7 €; www.etias.com).

Otros países Consúltese a la embajada o consulado español respectivo.

Entre bastidores

Actualización y sugerencias

Si el lector encuentra cambios en los lugares descritos u otros recién inaugurados, le agradeceremos que escriba a Lonely Planet en www.lonelyplanet.com/contact/guidebook_feedback/new para mejorar la próxima edición. Todos los mensajes se leen, se estudian y se verifican. Quienes escriban verán su nombre reflejado en el capítulo de agradecimientos de la siguiente edición. Determinados fragmentos de la correspondencia de los lectores podrían aparecer en nuevas ediciones de las guías Lonely Planet, en la web de Lonely Planet, así como en la información personalizada. Se ruega a todo aquel que no desee ver publicadas sus cartas ni que figure su nombre que lo haga constar.

Agradecimientos

Muchísimas gracias a todos los que han compartido su tiempo, sabiduría y recomendaciones en mis aventuras por Lanzarote: María González, Juan Betancort, Michelle y Tila Braddock, Ollie Horton, Dan Priestley, Alexandra Nollet, Arminda Delgado, Fernando Gallardo, Michael Collins, Sergio Arencibia, Ingrid Dadlani, Marga de Luis, Diego Lavado, Gonzalo y María Luisa Bethencourt, Leda Giordano, Tom Stainer, Sonsoles López, Luis Padrón y muchos más. Y como siempre, mil gracias a John Noble, Jack Noble y Andrew Brannan por acompañarme.

Este libro

Esta es la 1ª edición de la guía *Lanzarote De cerca*, de Lonely Planet, que ha sido documentada y escrita por Isabella Noble. Esta guía ha sido encargada por la oficina de geoPlaneta en Barcelona.

Versión en español

GeoPlaneta posee los derechos de traducción y distribución de las guías Lonely Planet en los países de habla hispana. Lonely Planet y GeoPlaneta quieren ofrecer al viajero independiente una selección de títulos en español; esta colaboración incluye, además, la distribución en España de los libros de Lonely Planet en inglés e italiano, así como un sitio web, www.lonelyplanet.es, donde el lector encontrará amplia información de viajes y las opiniones de los viajeros.

Índice

Véanse también los subíndices:

Dónde comer p. 142
Dónde beber p. 143
De compras p. 143

A

actividades 20, *véanse las actividades individualmente*
alojamiento 132-134
antes de partir 24, 132
archipiélago Chinijo 18, 129
arquitectura 15, 33, 93, 121
Arrecife y Costa Teguise 31-51, **38-39**
 actividades y circuitos 40-41
 cómo llegar y desplazarse 31
 de compras 49-51
 dónde beber y vida nocturna 47-48
 dónde comer 41-47
 lo esencial 31
 ocio 49
 puntos de interés 32-35
Arrieta 122-123
arte 33, 35
 escultura 35, 65, 115
 pintura 33, 35
artesanía 110-111, 119
autobús 25, 134, 135
automóvil 25, 135
aves 20, 63, 129
avión 25

B

barco 63, 136
bares 13, 19, 42, 101 *véanse los subíndices* Dónde beber *y* Dónde comer
bebidas
 cerveza 19, 47, 94
 vino 19, 59, 85-97
Biblioteca Universitaria Municipal 11
bicicleta 20, 56, 135-136
Bodega El Tablero 92
Bodega La Geria 93-94
Bodega Los Bermejos 89-90
Bodega Rubicón 92
Bodegas Vega de Yuco 90
buceo 20, 65

C

cajeros automáticos 24, 136
Caldera Blanca 78
Caleta de Sebo 129
Casa Museo José Saramago 15, 55
Casa-Museo César Manrique 9, 114-115, 119
Casa-Museo del Campesino 11, 93
Casa-Museo del Timple 15, 103
castillo de San Gabriel 15, 37
Centro de Visitantes Mancha Blanca 15, 55
cerámica 111
cerveza artesanal 19, 47, 94
Charco de los Clicos 79-80
Charco de San Ginés 42
CIC El Almacén 11, 40
ciclismo 25, *véase* bicicleta
circuitos a pie
 Arrecife 36-37, **36**
 Haría 118-119, **118**
 La Geria y tierra de vinos 86-87, **86**
clima 132
comer 12-13, 17 *véanse las zonas individualmente, el subíndice* Dónde comer
compras, *véanse zonas individualmente, el subíndice* De compras
Cueva de los Verdes 21, 121
cultura 14-15
cursos 55, 65, 66, 80

D

desarrollo sostenible 10, 11
descuentos 136
dinero 24, 136-137
discapacidades, viajeros con 138
dónde beber 19, *véanse los subíndices* Dónde beber y Dónde comer

E

El Golfo 16, 18, 77
El Grifo 91-92
electricidad 137

F

Femés 66
ferris 70, 136
fiestas oficiales 137
Finca de Uga 78-79
Finca Machinda 91
Fundación César Manrique 3, 21, 32-33

G

Puntos de interés 000
Planos **000**

gastronomía 45, 117, véanse los subíndices Dónde beber, Dónde comer
cursos 80
Geoparques por la Unesco 18
gofio 12, 97, 122

H

Haría y norte de Lanzarote 113-127, **120**
cómo llegar y desplazarse 113
dónde beber 127
dónde comer 124-127
lo esencial 113
puntos de interés 114-117, 121-124
historia 14-15
hora local 24
horario comercial 137

I

idioma 24
iglesia de Nuestra Señora de Guadalupe 103
iglesia de Nuestra Señora de la Encarnación 119
iglesia de Nuestra Señora de los Remedios 79
iglesia de Nuestra Señora del Carmen 129
iglesia de San Ginés 37
información turística 137-138
isla La Graciosa 16, 18, 21, 128-129
itinerarios 22-23

J

Jameos del Agua 9, 21, 116-117
Jardín de Cactus 11, 122

K

kayak 20, 66

L

La Casa Amarilla 15
La Geria y tierra de vinos 85-97, **88**
actividades y circuitos 94
cómo llegar y desplazarse 85
de compras 97
dónde beber 97
dónde comer 94-97
lo esencial 85
puntos de interés 89-94
LagOmar 11, 15, 104
Lasso, Pancho 35
lo esencial 24-25
Los Hervideros 80

M

Manrique, César 9, 10-11, 117, 121, 122
mercadillo de Teguise 101
Mercado Municipal de Abastos (Haría) 119
mercados y mercadillos 17, 50, 59, 71, 83, 97, 101, 119
Mirador del Río 121
moneda 24
Monumento Natural de los Ajaches 63
motocicleta 135
móvil, teléfono 24, 138
movilidad 138
murales 33, 37, 119
Museo Chinijo 129
Museo de la Piratería 15, 21, 103
Museo Etnográfico Tanit 92
Museo Internacional de Arte Contemporáneo 7, 34-35
Museo Submarino 65
museos 15, 21

N

naturaleza 21
niños, viajar con 21

O

Órzola 123

P

Palacio Marqués de Herrera 101
Parque Nacional de Timanfaya 7, 11, 18, 21, 73-83, 76
cómo llegar y desplazarse 73
cursos 80
de compras 82-83
dónde comer 80-82
lo esencial 73
puntos de interés 74-75, 77-80
Parque Natural de los Volcanes 118
Parque Natural del Archipiélago Chinijo 18, 129
paseos 56
Peñas del Chache 18, 124
pescado 12, 77, 123
piscinas de Punta Mujeres 16, 123
Playa Blanca y sur de Lanzarote 61-71, **64**
actividades 65-66
cómo llegar y desplazarse 61
de compras 71
dónde beber 70-71
dónde comer 66-70
lo esencial 61
puntos de interés 62-63, 65
playa de Famara 16, 18, 103
playa de la Garita 16, 122
playa de la Madera 16, 80
playa de las Cucharas 40
playa de las Malvas 16, 80
playa de San Juan 103-104
playa del Jablillo 16, 40
playa del Risco 16, 18, 124
Playa Flamingo 65
Playa Grande 16, 55
Playa Quemada 16, 55
playas 16, 18, 21, 40, 55, 63, 80, 129, *véanse también playas individualmente*
playas Caletones 16, 21, 123
precauciones 138
precios 137
presupuesto 24, 132, 136
propinas 24
Puerto del Carmen y alrededores 53-59, 54

actividades 55
cómo llegar y desplazarse 53
de compras 59
dónde beber 59
dónde comer 56-59
lo esencial 53
puntos de interés 55
Punta del Papagallo 7, 16, 18, 62-63

Q

queso 12, 50, 78

R

reservas 132
robos 138
Romería de los Dolores 87
Ruta de los Volcanes 75
rutas 65, 77, **101**

S

Salinas de Janubio 77
San Bartolomé 92
senderimo 20, 63, 65, 77, 94, 123, 129
Soto, Jesús 104, 121
surf 16, 20, 87, 103, 107, 123

T

tapas 13, 24, 42, 46, 87 *véase subíndice* Dónde comer
tarjetas de crédito 24, 137
taxi 25, 135
Teguise y La Caleta de Famara 8, 99-111, 102
actividades 104
cómo llegar y desplazarse 99
de compras 110-111
lo esencial 99
puntos de interés 100-101
teleclubs 93
teléfono 138
Teseguite 15, 111
tiendas 17 *véase subíndice* De compras
Timanfaya 14
transporte
cómo desplazarse 25, 135-136
cómo llegar 25, 134-135
turismo 14, 15, 137-138

U

urgencias 138

V

Vega Volcán 92
vino 15, 19, 85-97
viticultura volcánica 14, 90
visado 24, 138
visitas guiadas 18, 20
vistas 18, 19, 66, 79, 81, 87, 121, 124
Volcán del Cuervo 87, 89
Volcán de Timanfaya 14
Volcán de la Corona 123-124
volcanes 18

W

webs 132
windsurf 20

Y

Yaiza 79

Puntos de interés 000
Planos **000**

Dónde comer

A

Aguaviva 43-44
Alma, Tapas y + 13, 94
Amanecer 126
Amura 58

B

Bahía de Naos 46
Bar Andalucía 47
Bar La Piscina (Bar Pichón) 13, 125
Bar Stop 19, 82
Bistro Árbol 13, 56
Bodega de Santiago 13, 80-81
Bodega de Uga 13, 82
Bonbon 47
Brisa Marina (Juan El Majorero) 68

C

Cantina Teguise 105
Casa Brígida 70
Casa de la Playa 12, 124
Casa El Barba 63
Casa Margucha (Restaurante Girasol) 129
Casa-Museo del Campesino 96-97
Caserío de Mozaga 95-96
Charco Vivo (Antigua Casa Ginory) 13, 44
Chiringuito Tropical 19, 70-71
Citurna 67-68
Coentro 13
Costa Azul (Casa Tato) 12, 81
Coentro 68-69

D

Dunas de Famara 108

E

El Chupadero 95
El Diablo 75
El Fondeadero 45
El Grifo 11, 15
El Lago 125
El Marinero 129
El Mercado 126-127
El Molino (Casa Luciano) 46
El Risco 11, 13, 104-105
El Tenique 96
El Toro 58
Emmax 45
Strava 45

H

Hespérides 106-107
Hotel Fariones 56-57
Hotel Palacio Ico 108-109

I

Ikarus 13, 106
Isla de Lobos 13, 67

K

Kamezí 67
Kentia Gourmet Club 13, 56, 59

L

La Bohemia 45
La Cabaña 58
La Cascada 58
La Chalanita 69-70
La Cofradía 66-67

La Destiladera-La Luna 13, 46
La Grulla 19
La Mar Café 13, 105-106
La Maresía 126
La Puerta Verde 125
La Tegala 12, 125
Liken 69
Lilium 13, 41-42

M

Mi Piace 45
Mirador de las Salinas 12, 81-82
Mirador de Los Valles 127

N

Naia 43
Nakai 13, 44
Natural Nada Más 58
Ninén 70

O

Óleo 57-58

P

Pintxos Shop 13, 107-108
Primario Gastrobar 13, 67

Q

Quesería Rubicón 66

R

Restaurante Bogavante 82
Restaurante Cala 12, 42
Restaurante Sol 107
Restaurante Volcán de la Corona 12, 126

S

Salmarina 57
SeBE 42-43
Suculenta 13, 44

T

Taberna de Nino 58
Taberna El Bocadito 13, 44
Tacande 13, 124
Tahoyo 126
Teleclub de Tao 12
Trattoria Il Nonno 45

V

Villa Toledo 47
Vino + 13, 17, 56

Dónde beber

B

Bar SamRise 19, 127
Bar Stop 19
Beach Bar Luca 48
Bodega El Tablero 92
Bodega La Geria 93-94
Bodega Los Bermejos 89-90
Bodega Rubicón 92
Bodegas Vega de Yuco 90

C

Chiringuito Tropical 19, 70-71

D

Donde Celso 19, 48

E

El Chiringuito 19, 109-110, 127
El Chupadero 19
El Grifo 11, 15, 91-92

K

Kentia 19, 59
Kopas Lanzarote 48

L

La Cueva 104
La Palmera 19, 109
Los Aljibes 19, 33, 48, 59
La Miñoca 19, 48

M

Malpeís 19, 97

N

Nao 19, 47

T

Terraza Ocean View 19, 70

V

Vega Volcán 92
Vino + 19, 56

De compras

A

Ahumadería de Uga 17, 82
Algomás 51
Arte y Cerámica 17
Artesanía Lanzaroteña 110-111

B

Biosfera Plaza 59
BySiroco 17, 49

C

Centro de Artesanía La Antigua Escuela 82-83
Cestería Eulogio 119

D

Deiland Plaza 17, 51

E

Eguzkine Zerain 17

K

Kamezí Deli Market 17, 71

L

La Chata Sabores de Lanzarote 110
La Corona 17, 50
La Lonja 11, 17, 110
La Molina 17, 97
La Tegala 115, 119
Librería El Puente 50-51

M

Mamá Pepa 17, 83
María Cao 17, 110

Q

Quesería El Faro 17, 110
Quesería Flor de Luz 17, 97
Queso Project 17, 50
Quesos, vinos y más La Villa 111

S

Somm & Company 17, 50

V

Vino + 13, 17, 59

La autora

Isabella Noble

Británica-australiana sobre el papel y española de corazón, la periodista de viajes Isabella Noble lleva explorando el mundo desde que tenía un año. Criada en un pueblo malagueño, se ha especializado en escribir sobre España, principalmente sobre Andalucía, Canarias, Cataluña, Baleares y el norte del país, y colabora con publicaciones como Lonely Planet, Daily Telegraph, Condé Nast Traveller, geoPlaneta e Ink entre otras. También escribe sobre la India, Tailandia, Reino Unido, Grecia y Australia, edita, traduce y trabaja como crítica de hoteles. Ha colaborado en más de 30 guías de viaje de Lonely Planet y vive entre Londres y Málaga. Se la puede seguir en Instagram y Twitter (@isabellamnoble), y también a través de isabellanoble.com.

geoPlaneta
Av. Diagonal 662-664, 08034 Barcelona
viajeros@lonelyplanet.es
www.geoplaneta.com – www.lonelyplanet.es

Lonely Planet Global Limited
Irlanda Digital Depot, Roe Lane (off Thomas St), Digital Hub, Dublín, D08 TCV4
www.lonelyplanet.com
Contacta con Lonely Planet en: lonelyplanet.com/contact

Lanzarote De cerca
1ª edición en español – mayo del 2021

Editorial Planeta, S.A.
Av. Diagonal 662-664, 7º. 08034 Barcelona (España)
Con la autorización para la edición en español de Lonely Planet Global Ltd, A.B.N. 36 005 607 983, Lonely Planet Global Limited, Unit E, Digital Court, The Digital Hub, Rainsford Street, Dublín, Irlanda

ISBN: 978-84-08-24023-5
Depósito legal: B. 473-2021
Impresión y encuadernación: Unigraf
Printed in Spain – Impreso en España